AF452484

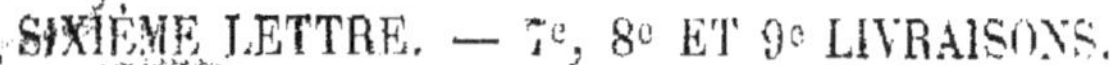

LETTRES

AUX

GENS DE FROTEY

PAR

AUGUSTE GUYARD

« Va Iomer Eloïm : Iei Or ! »
« Et Dieu dit : La lumière soit!
(Moïse.)

« On n'allume point la lampe
pour la mettre sous le boisseau. »
(Jésus *en saint Matthieu ch. V.*)

« Il n'y a que ceux qui veulent
tromper les peuples qui peuvent
vouloir les retenir dans l'ignorance.
Plus les peuples seront éclairés, plus
la société sera assise, heureuse et
prospère.
(Napoléon Ier *cité par Napoléon III.*)

DE L'INSTRUCTION DANS LES CAMPAGNES.

Prix des trois livraisons : 3 Francs

Au profit de l'Œuvre de Frotey-lez-Vesoul.

PARIS

E. DENTU, ÉDITEUR, | Mme G. MAILLEY,
PALAIS-ROYAL, GALERIE D'ORLÉANS. | 23, RUE CASSETTE, 23.

1864

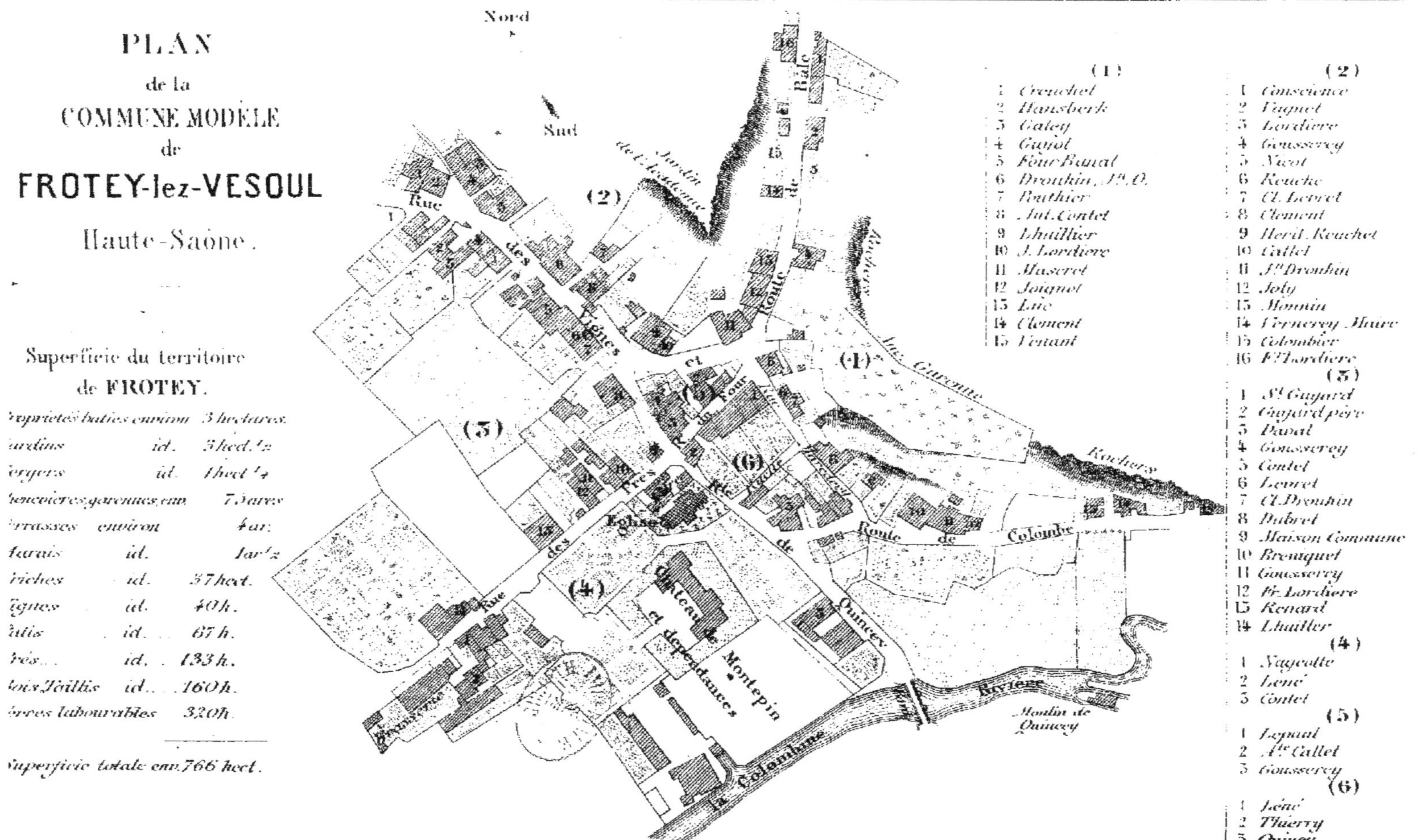

PLAN
de la
COMMUNE MODÈLE
de
FROTEY-lez-VESOUL
Haute-Saône.

Superficie du territoire
de FROTEY.

Propriétés bâties environ 3 hectares.
Jardins   id.   5 hect.1/2
Vergers   id.   1hect.1/4
Tenevieres, garennes env.   7.5ares
Terrasses   environ   4ar:
Marais   id.   1ar.1/2
Friches   id.   37hect.
Vignes   id.   40h.
Buis   id.   67h.
Prés   id.   133h.
Bois Taillis   id.   160h.
Terres labourables   320h.

Superficie totale env.766 hect.

Nord
Sud

(1)
1 Creuchet
2 Hansberk
3 Galey
4 Gajol
5 Four Banal
6 Drouhin, J.P.O.
7 Ruthier
8 Ant. Contet
9 Lhuillier
10 J. Lordiere
11 Mascret
12 Joignot
13 Luc
14 Clement
15 Venant

(2)
1 Conscience
2 Vaquet
3 Lordiere
4 Gousserey
5 Nicot
6 Reuche
7 Cl. Lerret
8 Clement
9 Herit. Reuchet
10 Callet
11 J.P.Drouhin
12 Joly
13 Monnin
14 Vernerey Maire
15 Colombier
16 P.Lordiere

(3)
1 St Gajard
2 Gajard père
3 Raval
4 Gousserey
5 Contet
6 Lerret
7 Cl.Drouhin
8 Dubret
9 Maison Commune
10 Breniquet
11 Gousserey
12 Pr.Lordiere
13 Renard
14 Lhuiller

(4)
1 Nageotte
2 René
3 Contet

(5)
1 Legrand
2 Ate Callet
3 Gousserey

(6)
1 René
2 Thierry
3 Quincey

AUX GENS DE FROTEY.

DE L'INSTRUCTION DANS LES CAMPAGNES.

> Accroissons l'enseignement populaire. V. Duruy.
>
> Je suis homme, rien d'humain ne doit m'être étranger. Térence.

I.

Aux Élèves des Cours d'Adultes.

Grandes personnes qui m'écoutez, l'homme, même le plus savant, a toujours quelque chose à apprendre ; et sût-il tout, qu'il devrait encore étudier, afin, d'abord, de ne rien oublier ; ensuite, parce que le tout qu'il sait n'est jamais le tout qu'il peut savoir.

L'Académie de Frotey a donc été bien inspirée en fondant ces cours d'adultes destinés à répéter et à compléter vos études.

Mais je ne lui fais pas le même compliment sur le choix de son professeur d'histoire et de littérature. Ne sait-elle donc pas un seul petit mot de grec ou de latin, la jeune et candide Sorbonne de Frotey-lez-Vesoul ?

Histoire vient du grec *istoria*, qui signifie *science*. L'historien, c'est le savant par excellence.

Nous verrons tout à l'heure que chaque science n'est qu'une histoire. L'histoire générale est donc l'histoire des histoires, la science des sciences.

Littérature vient du latin *littera* qui, veut dire *lettre*. Les lettres servent à faire les livres. La littérature est l'instrument et l'histoire ou science des livres qui racontent toutes les industries, tous les arts, toutes les sciences.

Le littérateur serait donc, lui aussi, l'homme qui sait tout.

Or donc, mettez-vous à ma place, mes amis, et comprenez mon embarras. Voilà une académie qui m'improvise enseigneur de toutes choses et qui oublie de m'infuser en même temps l'encyclopédie des connaissances humaines, la science universelle !

J'ai eu beau me retrancher derrière mon insuffisance, nos académiciens n'y ont pas voulu croire : modestie, modestie ! me disaient-ils. Hélas! non ; je n'ai pas le droit d'être modeste. Mais parce qu'ils m'ont vu dix ans durant, sur le chemin du collége, fléchir sous le poids de mes dictionnaires, ils veulent absolument que je sois une bibliothèque vivante. Cependant, mes amis, croyez-moi, tous ces gros livres empilés sous une courroie pesaient bien plus sur mon dos que dans ma tête !

Vainement aussi leur ai-je opposé que j'habitais à cent lieues de Frotey : « Vous ferez vos leçons par la poste, m'ont-ils répondu. »

Ainsi forcé dans mes objections, j'ai accepté comme une charge, bien entendu, et non comme une place, le titre et l'honneur sous lesquels on m'accable.

Mais c'est à condition que j'écrirais mes causeries avec vous dans la plénitude de mon insuffisance de temps et de savoir, dans mon tout oser de libre penseur; à ma manière à moi et non de telle ou telle façon réglée d'avance ou imposée ; car je suis rebelle à la contrainte, indépendant comme un chat, et n'aime pas à faire comme tout le monde.

J'ai accepté aussi parce que je me suis rappelé cette maxime d'un de mes maîtres : « Enseigner est le meilleur moyen de s'instruire. » Maxime pour moi rassurante, puisqu'elle veut dire qu'un professeur n'est pas nécessairement un savant universel.

Mon régent de seconde et de rhétorique au collége de Vesoul, le spirituel M. Bertrand, je tiens de lui-même l'anecdote, ne sachant pas un mot de grec à ses débuts dans l'enseignement, sollicite une classe élémentaire. On lui donne dans le Midi une chaire où il devra expliquer l'Iliade. M. Bertrand court chez le ministre et lui avoue d'un air piteux son ignorance absolue : « Je ne sais pas même l'alphabet de la langue d'Homère, dit-il.

— Partez toujours, répond l'intelligent ministre, vous l'apprendrez en diligence. »

Je pourrai donc, mes amis, préparer au dimanche le dimanche, mes homélies, sermons, conférences, entretiens ou causeries de littérature et d'histoire.

Un autre de mes plus savants maîtres, docteur ès lettres, docteur ès sciences, docteur en droit, et, mieux que tout cela, philosophe, affirmait que les progrès de ses élèves étaient en raison inverse de son savoir ; qu'il obtenait, par exemple, des succès plus rapides et plus complets en faisant apprendre la musique, le dessin, la peinture, dont il ne connaissait ni une note, ni une ligne, ni une couleur, qu'en expliquant ses spécialités : les lettres, les mathématiques, le code civil. D'où il concluait que le maître des maîtres est celui qui refuse à ses élèves la becquée des explications pour les forcer à étudier seuls.

De ce que ses élèves s'instruisaient non-seulement sans ses explications, mais en lui expliquant à lui même ce qu'ils étudiaient, il en supposa l'égalité intellectuelle parmi les hommes, et fit de la vérification de cette hypothèse sa méthode d'instruction et d'enseignement : « Apprenez ou faites apprendre quelque chose, n'importe quoi, disait-il, et rapportez-y ou faites-y rapporter tout le reste d'après ce principe, tous les hommes ont une égale intelligence. Quel que soit le résultat de votre vérification, que vous en concluiez ou non l'égalité intellectuelle, vous vous serez instruit par ma méthode, qui consiste essentiellement dans ce vérifier, et non dans mon opinion ou dans la vôtre. »

Cependant, comme beaucoup de philosophes, lui-même croyait à l'égalité des intelligences : « Voyez, vous aurait-il dit, si l'espiègle écolier ne montre pas à couvrir ses manquements, sa paresse et à trouver le défaut de la cuirasse de ses maîtres autant d'art que ceux-ci en mettent à cacher leur côté faible ; si le laboureur en achetant ou vendant des bœufs, en traçant et semant des sillons ; si le vigneron en piochant, recouchant et taillant sa vigne, en faisant ou défaisant son vin, ne font pas rampeau d'attention, de réflexion, de finesse, au candidat qui leur verse à boire, à l'avocat qui plaide pour eux la raie de champ ou le mur mitoyen ; si pour régner à la ferme, élever par l'éducation ses enfants, ses animaux, ses légumes ; si pour tout ordonner et embellir autour d'elle et enrichir son mari, la sage fermière n'emploie pas un bon sens égal à l'artifice déployé par la femme du

monde pour trôner dans un salon, porter le moins disgra-
cieusement possible sa cage à poulets, nouer des intrigues
et ruiner monsieur. »

Il ne souffrait pas qu'on injuriât un enfant par ce mot
de bête, dont les pédagogues sont si prodigues : « L'enfant
n'est qu'étourdi ; si vous ne croyez pas un élève capable
de vous comprendre, à quoi bon vos leçons, » disait il au
maître infatué de sa supériorité d'esprit ? et si l'orgueil-
leux s'obstinait dans sa superbe, le philosophe brisait là
par ce trait à double pointe : « J'avais cru jusqu'ici à
l'égalité des intelligences, mais je n'avais pas, monsieur,
l'honneur de vous connaître. »

Généreux ami des ignorants, excellent, vénéré maître,
combien vous eussiez aimé notre Académie de Frotey-lez-
Vesoul ! Il me semble vous entendre me dire avec votre
fine raillerie séquanaise : « Ils sentaient bien, soyez en
sûr, ce qu'ils faisaient en vous nommant leur causeur de
littérature et d'histoire, vos intelligents académiciens villageois. L'instinct leur a dit que des paysans pauvres et
ignorants sont hommes et enfants de Dieu comme des
Parisiens savants et riches, et que c'est leur droit et
leur devoir de s'asseoir à la sainte table de la civilisation à côté de leurs frères privilégiés, qui s'y assoient
tous les jours, pour y communier au moins une fois la
semaine sous les espèces de l'éducation et de l'instruction. Ce même instinct leur a révélé qu'on peut enseigner
tout ce qu'on ne sait pas, et, à plus forte raison, s'instruire seul, et vous a spirituellement mis à votre place
dans votre chaire universelle de littérature et d'histoire. »

L'aveugle égoïsme est loin de parler ainsi. J'entends
assez souvent des hommes enrichis, *enlatinés*, qui vou-

draient monopoliser la dinde aux truffes, le calembour et l'orthographe, bougonner contre les semailles de l'instruction dans les campagnes : « La science, disent-ils, n'est pas faite pour le vilain ; il n'a ni l'intelligence, ni le temps de s'instruire, et les eût-il, qu'il faudrait le retenir dans l'ignorance ; car le vilain éduqué ne voudrait plus cultiver la terre, encombrerait les cités, y ferait la famine et nous renverrait nous-mêmes à la charrue. »

Immense erreur, utopistes ! la science, comme le soleil, est faite pour tout le monde, et déjà vous pouvez en voir un rayon naissant miroiter là-bas, sur le clocher de ma paroisse. « Accroissons, vous répondait, il y a deux jours M. Duruy, accroissons l'enseignement populaire, et surtout faisons fructifier, au lieu de les laisser se détruire, les germes recueillis dans l'école du premier âge. »

Vous dites que le paysan manque d'intelligence, mais vous ne le croyez pas ; car vous lui reprochez, au contraire, d'être astucieux, c'est-à-dire finaud comme un homme de ville. Il est vrai que le temps a jusqu'ici manqué au paysan pour s'instruire ; mais les instruments agricoles perfectionnés et les méthodes abréviatives qui permettent de faire en deux ou trois jours l'œuvre de six, sont enfin venus l'affranchir du travail corporel sans fin ni trêve, et lui donner quelque répit pour l'étude et la méditation.

Puisque l'ignorance actuelle du paysan ne l'empêche pas d'aller demander aux cités le bien-**être** qu'il ne trouve pas dans sa chaumière, ne peut-on essayer si l'instruction qui le mettrait à même de doubler, de tripler ses récoltes, d'apprécier et de savourer le bonheur des champs, ne serait pas le moyen de l'y retenir? Vous voulez que Jacques Bonhomme croupisse dans l'ignorance! Est-ce que tous les hommes n'ont pas les mêmes besoins spirituels et matériels, et peut-on plus refuser au paysan l'instruction qui sustente son âme, que le pain qui nourrit son corps? Est-ce que le paysan électeur souverain, faiseur et défaiseur de députés et de conseillers de toute espèce, comme un ministre, un banquier, un membre de l'Institut; est-ce que le paysan, homme, citoyen, époux et père comme le puissant, le riche, le savant, n'a pas le même droit qu'eux tous à l'éducation intellectuelle et morale qui fait comprendre et remplir les devoirs que tous ces titres imposent?

Soyez tranquilles, monopoleurs de peu d'âme et de prudence, nos cours d'adultes n'ont pas pour but et n'auraient point pour résultat de changer nos laboureurs, nos vignerons, en savants pleins de morgue et d'injustice, en rentiers paresseux, libertins, goutteux. Ils sont destinés seulement à compléter, mais largement, l'instruction primaire des gens de Frotey, à leur donner sur toutes choses des notions élémentaires qu'ils puissent, au profit de tous, au vôtre comme au leur, appliquer à l'agriculture, à la viticulture et aux autres industries dont ils vivent et dont ils font vivre ceux de la ville.

Oui, cessez de craindre, citadins à cœur étroit et à courte vue, que les paysans libéralement éduqués et instruits veuillent, un jour, vous déloger de chez vous; ils se trouveront bien trop heureux dans leurs villages transformés en communes modèles! S'ils vont à Paris, ce sera en trains de plaisir, pour trois jours, afin d'y admirer à vol d'oiseau ce qu'il y a de vraiment admirable : les monuments publics, les musées, la propreté des beaux quartiers; cette exposition permanente des hommes et des choses, des races et des civilisations des cinq parties du monde, — exposition qui fait de Paris la photographie du globe, — et surtout pour y admirer un petit nombre d'âmes restées pures au milieu d'une atmosphère de mensonge et de débauches, restées pures parce que l'art humain, qui à Paris cache l'art de Dieu, donné à ces âmes la nostalgie de la nature, le mal du paysage, des divins tableaux et du grand, de l'inépuisable artiste qui depuis que le monde est monde n'a pas encore exposé deux fois la même toile !

Voilà pour combien de temps et dans quel but les paysans des communes modèles viendront à Paris. Ils y resteront juste ce qu'il faut pour s'y étonner, pour y recevoir un peu du trop plein d'initiative et de spontanéité qui y déborde; pour prendre et imiter ce qu'il y a de bon; juste ce qu'il faut pour que l'activité fiévreuse, exténuante de ces trois jours les fasse soupirer après quiétude et le repos du sillon; mais pas assez, pauvres égoïstes ! pour vous y disputer vos tripots de bourse, vos dindes truffées, vos phalènes de trottoirs; pas assez pour s'y corrompre !

Voilà, mes amis, ce que je réponds aux utopistes du *statu quo* ou du recul qui vivent sur les cornes du progrès, en le niant ou le blasphémant, qui osent se signer du signe de la croix, lorsqu'ils me donnent par trop sur les nerfs avec leurs objections irréfléchies ou aveuglément intéressées. Et si je veux fermer la bouche à ces plaisants chrétiens, voici ce que j'ajoute : Jésus, le fils d'un pauvre charpentier de la petite bourgade de Nazaréth, n'avait que douze ans quand il étonnait par l'étendue de son savoir les docteurs de la grande ville de Jérusalem. Ce qui prouve combien son père et sa mère prisaient l'instruction, et quels soins intelligents ils avaient dû prendre de l'éducation de leur fils, malgré leur pauvreté.

Quant à vous, mes amis, vous ne comprenez guère le profit qu'un village retirerait de l'ignorance de ses habitants, et vous êtes convaincus maintenant, je l'espère, de la nécessité de recevoir le Baptême, l'Eucharistie et la Confirmation de la science. Mais vous l'êtes moins de votre état de grâce, de votre divine aptitude à manger seuls au besoin toute cette science qu'on mâche et qu'on remâche aux bacheliers et aux docteurs.

Laissez-moi donc vous démontrer que votre cerveau peut digérer sans le secours du mien toutes les idées, comme votre estomac digère, sans recourir à celui du voisin, tous les aliments.

II

L'enfant naît dans une ignorance absolue, ne sachant pas même distinguer le sein maternel vers lequel le tourne l'instinct, pour qu'il y puise la continuation de l'existence. Sa mère a dû l'enseigner par un doux contact aux lèvres du nouveau-né. A cette sensation suave, à cette première communion avec le monde extérieur, son intelligence endormie s'éveille. Bientôt le besoin cesse ; il quitte la source de vie ; mais le souvenir lui reste, la mémoire est éclose en lui. Des communions nuit et jour répétées la développent ; ses sensations se transforment, et au bout de quelques semaines, il commence à remercier par des sourires la coupe rose et blanche, la coupe de grâce, d'amour, d'initiation, qui lui verse avec la vie, le sentiment, la connaissance, la conscience.

Le temps marche. Les yeux, les oreilles, la vue, l'ouïe, etc., du petit enfant, tous ses organes et tous ses sens continuent à se développer et lui apportent d'autres sensations, d'autres sentiments, d'autres idées, contre lesquels il réagit, qu'il apprend à comparer, à analyser, qu'il a besoin d'exprimer et qu'il manifeste par des cris, par des gestes. Peu à peu, sa bouche prononce et sans cesse répète ces sons articulés : *papa*, *maman*, qui d'abord ne signifiant rien, finissent par être pour l'enfant deux mots, deux signes d'idées. Et ces deux mots, qui nomment les deux êtres auxquels il doit la vie physique, vont eux-mêmes l'initier à la vie spirituelle. C'est au moyen de ces deux mots sans cesse répétés et auxquels il rapportera d'instinct tous ceux qu'il entendra, — comme il rapporte à sa mère et à son père toutes les femmes et tous les hommes, — que, seul et sans explication verbale possible, il apprendra en trois ou quatre ans au plus, à parler sa langue maternelle.

Voilà, mes amis, la merveilleuse histoire morale de vos premières années ; voilà le tour de force intellectuelle que, tout petit enfant, chacun de vous a su accomplir. Apprendre une langue aussi vite et dans de telles conditions d'indigence et de faiblesse m'a toujours semblé le plus étonnant prodige d'attention, de comparaison, de jugement, de raisonnement, de réflexion et de mémoire ; la chose la plus difficile qu'il y ait au monde.

S'il existait quelque part une académie dont les membres fussent, par miracle, nés adultes, et qu'on vînt lui annoncer qu'à Frotey, à Rouen et partout ailleurs les hommes naissent hauts d'une coudée, dans une ignorance et une faiblesse absolues, incapables de manger seuls, de marcher, de parler, et qu'en trois ou quatre ans ils apprennent tout cela, et surtout à parler comme père et mère, sans l'aide d'aucun académicien, je suis bien sûr que l'académie adulte-née crierait à l'incroyable, à l'impossible.

Cependant, mes amis, chacun de vous, sous l'empire d'une nécessité dont il n'avait pas conscience et sous la seule impulsion de l'instinct, a su, petit enfant, accomplir l'impossible, l'incroyable ! De quoi donc ne serez-vous pas capables aujourd'hui que vous êtes devenus des papas, des mamans, des filles et des garçons aussi drus que pères et mères ? aujourd'hui que vous sentez en vous tous une volonté libre, maîtresse et dominatrice de l'instinct ?

Je sais que le petit enfant a sur l'adulte l'immense avantage de l'innocence. Aucun préjugé, aucun vice, aucun mauvais pli de l'esprit ou du cœur, ne diminue sa confiance en lui-même, ne détend les ressorts de son activité ; tandis que l'adulte, grand enfant gâté par l'éducation, est saturé de jugements tout faits, de préventions, de défauts ou d'habitudes vicieuses ; qu'il doute de ses forces ; n'ose rien entreprendre seul et manque trop souvent de vouloir et de ferme propos.

Vous avez donc, mes amis, besoin de maîtres, non pas pour vous expliquer les explications des livres, mais pour vous faire comprendre la beauté, la nécessité de la science et vous la faire aimer ; pour vous indiquer la méthode la plus simple, la plus droite, pour vous donner des devoirs, vérifier votre attention, stimuler en vous l'initiative et le zèle ; pour émanciper, enfin, votre esprit et votre cœur.

Je veux bien être un de ces maîtres-là, puisque mon devoir sera principalement de vous mettre le plus vite possible en état de vous passer de moi ; de vous soutenir contre le découragement, contre les faiseurs d'objections, contre ceux, par exemple, qui viendraient vous chanter que les sciences sont beaucoup plus difficiles que les langues, parce qu'ils ne se doutent pas que les sciences ne sont que des langues.

L'homme vient au monde dans les ténèbres et dans l'ignorance, mais avec un insatiable besoin de lumière et de savoir. Nouveau-né, il suit déjà des yeux la bougie qui circule dans la chambre ; plus tard, il ne peut les détacher de la veilleuse qui tremble sur la cheminée, du rayon de soleil qui filtre à travers les volets. Dès qu'il parle, il questionne tout le monde sur toute chose, vivant point d'interrogation qui souvent embarrasse les plus doctes. De l'adolescence à la vieillesse, il demande aux livres, aux voyages, aux océans de la terre et du ciel, et surtout à son imagination, un apaisement à l'infinie curiosité qui le dévore. Ignorant ou philosophe, pauvre ou riche, villageois ou citadin, l'homme voudrait pouvoir sonder tous les mystères ; il voudrait faire le tour de l'Homme, de l'Univers, de Dieu même.

Cet immense besoin de tout connaître qui est en vous nous trace le programme de ces cours d'adultes : il doit embrasser la mappemonde des connaissances humaines, mappemonde nette, claire et bien vite apprise, croyez-moi, si l'on y oubliait la multitude des opinions qui la rend confuse, pour n'y inscrire en capitales que les vérités vraies !

J'espère vous avoir déjà montré combien il vous est avantageux, indispensable, possible, d'embrasser tout cet ensemble ; mais je ne saurais trop vous le démontrer.

Des connaissances encyclopédiques vous sont utiles et nécessaires, d'abord parce qu'elles sont dans vos besoins et vos désirs, parce que chacun de vous peut dire avec Térence, un poëte latin : « Je suis homme, et rien d'humain ne doit m'être étranger ; » parce que tout tient à tout et que pour exceller dans une spécialité quelconque, il faudrait pouvoir y appliquer d'une manière générale toutes les autres. Ensuite elles vous sont possibles, car toutes les sciences se fondent dans une seule, celle de l'homme, petit monde épitomé, abrégé du grand ; car la justice de Dieu proportionne notre puissance à nos aspirations ; enfin, parce que je vous donnerai des procédés et une méthode par lesquels vous apprendrez les grands traits de la science universelle en beaucoup moins de temps que vous n'en mettriez à savoir passablement la grammaire française par les méthodes vulgaires.

Jeunes filles qui m'écoutez, pourquoi ces sourires qui voudraient poindre sur vos lèvres ? Vous croiriez-vous, par hasard, moins aptes et moins obligées que vos frères aux connaissances générales que je leur prêche ? Vous seriez dans une très-grande erreur. L'histoire nous a démontré l'aptitude des femmes à toutes les sortes d'études, et, de nos jours, cette aptitude est confirmée par les savantes bachelettes qui viennent tous les ans apprendre à nos pleutres bacheliers en *os* et en *us* comment ils devraient enlever les examens qu'ils subissent avec tant de défaites et quelques victoires si peu glorieuses, malgré les savants professeurs et les méthodes universitaires qui les préparent pendant dix ans.

Si, en raison d'une organisation plus nerveuse, plus délicate, d'une sensibilité plus exquise, les femmes sont naturellement moins que les hommes capables de l'attention forte et soutenue qu'exigent l'étude des sciences abstraites, les travaux intellectuels de longue haleine, certaines découvertes, etc., elles sont, en revanche, douées d'une intelligence plus vive, plus précoce, de plus d'imagination et de goût. Donnons donc aux filles la même instruction générale qu'aux garçons ; chaque sexe s'assimilera ensuite la science à sa manière, l'appliquera à ses besoins particuliers, à sa destination spéciale. Je voudrais même que l'éducation des jeunes filles fût plus soignée, plus complète que celle des jeunes gens, parce que l'influence sociale des femmes est bien plus considérable que celle des hommes.

Formés, nourris de la substance de nos mères, qui sont à peu près les seules institutrices de nos dix premières années, nous gardons pendant toute notre vie les impressions et les idées de cet âge. Telles mères donc, tels enfants ; telles femmes, telles sociétés. Ayons d'abord des jeunes filles bien élevées, sérieuses, convaincues de bonne heure de l'importance de la mission des femmes, et nous aurons infailliblement des mères vertueuses, instruites, capables d'initier leurs enfants aux vérités et aux beautés de la vie de l'esprit et du cœur, dignes, enfin, de cette triple maternité qui fait la mère complète, et dans vingt-cinq ans, les femmes auront amélioré notre état social plus que ne le feraient tous les réformateurs politiques, socialistes et religieux pendant des siècles.

Dans certaines parties de la France, les paysans appellent d'instinct femelles et femelottes leurs femmes et leurs filles, parce qu'ils sentent que ces pauvres créatures ignorantes et superstitieuses ne se distinguent guère encore de leurs brebis et de leurs génisses que par la forme humaine.

Ces deux mots ne pourraient-ils pas s'appliquer avec autant de raison à la majorité du sexe féminin, dans les villes comme dans les campagnes ? Je me hâte de reconnaître que la majorité de la section ou coupure masculine de l'humanité n'est pas plus digne, telle qu'elle est aujourd'hui, du beau nom d'homme. On voit pulluler les savants, les riches, les décorés, etc., mais où sont les convictions courageuses ? où sont les *caractères* ? où sont les hommes ?

Jeunes filles, qui serez un jour de jeunes mères, hâtez-vous donc de créer en vous la femme. Pour cela, suivez assidûment ces cours d'adultes et méditez toute la semaine les enseignements que vous y partagerez chaque dimanche avec vos pères et vos frères.

III

L'art d'enseigner et d'étudier avec fruit consiste à aller de ce qu'on sait à ce qu'on ne sait pas ; de ce qui est autour de nous à ce qui en est loin ; du petit au grand ; de la partie au tout ; du relatif à l'absolu ; de l'Homme à l'Univers et à Dieu. Parce que du connu et du prochain l'inconnu et le lointain se dégagent ; parce que le pot de

fleur est l'image du jardin ; le jardin, l'image du territoire communal, reflet lui-même du sol de la patrie, qui
représente les continents et les mers dont notre globe se
compose ; parce qu'enfin chaque homme est une humanité en œuf, un univers en miniature, un petit dieu à
venir, comme dit l'Ecriture : « *Vos dii estis ;* vous êtes
des dieux. »

Commençons donc par la littérature de nous-mêmes
et de Frotey nos études littéraires et historiques, afin d'y
rapporter toutes les littératures et les histoires.

Il y a en chacun de nous, n'est-il pas vrai, mes amis ?
quelque chose d'invisible qui sent, qui aime, qui pense,
qui veut et qui continuellement formule, manifeste, rend
visibles nos sensations, nos sentiments, nos pensées, nos
besoins et nos volontés par des gestes et des attitudes du
corps, des mouvements du visage ; par des cris, par des
chants, par des mots parlés ou écrits, par des instruments, quelquefois aussi par des dessins, des couleurs,
des figures en relief, des constructions, etc.

Cette mimique, cette musique, ces paroles, cette écriture, ces instruments, ces dessins, cette peinture, cette
sculpture, cette architecture, tous ces aspects extérieurs,
corporels, visibles de notre aspect intérieur, spirituel,
invisible, toutes ces formes qui nous révèlent, nous mon-
trent à nous-mêmes et les uns aux autres, toutes ces ma-
nières, enfin, de presser et de tordre notre âme pour en
exprimer le suc des sentiments et des idées, formeraient,
si elles étaient recueillies, conservées, collectionnées et
pourraient s'appeler notre littérature particulière et per-
sonnelle.

Réunies, les littératures individuelles seraient la littérature familiale.

Les littératures des familles formeraient la littérature communale.

Les littératures des communes feraient ensemble la littérature nationale.

Et toutes ensemble les littératures nationales composeraient la littérature universelle.

La littérature ainsi comprise embrasserait les industries, les arts, les sciences, les monuments, les musées, les bibliothèques, etc., en un mot, toutes les manifestations de l'esprit humain, et serait véritablement l'expression de la société, de l'humanité.

Mais ce mot de littérature se prend ordinairement dans un sens beaucoup plus restreint.

L'un de nos plus illustres littérateurs, M. de Lamartine, qui nous a généreusement fait don des quarante volumes de ses œuvres complètes, définit la littérature : « L'expression mémorable de l'esprit humain transmise à l'humanité par l'écriture. »

D'après cette définition, la littérature de chacun de nous comprend ceux de nos écrits, contrats, mémoires, testaments, livres, etc., qui mériteraient de rester plus ou moins longtemps dans le souvenir de nos parents, de nos amis, de nos créanciers surtout, car ce n'est point, hélas ! par ses lettres d'amour ou d'amitié qu'un homme est sûr de laisser dans le cœur de son semblable un souvenir ineffaçable, c'est par la lettre de change, le billet à ordre auxquels il n'aura su faire honneur.

D'après la même définition, les titres de propriété, les actes de l'état civil et autres papiers déposés dans les ar-

chives de la commune forment la littérature de Frotey.
Et la littérature universelle comprend tous les livres recueillis dans les bibliothèques des cinq parties du monde.

La littérature exprimant soit un individu, soit une
société petite ou grande, elle est nécessairement le ther-
momètre, la mesure du développement moral de chaque
homme et de la civilisation d'un peuple. Une littérature
nulle, ou à peu près, dirait un homme ou un peuple sauvage ; une littérature très-développée montre le grand
philosophe, le peuple qui marche à son tour à la tête
de l'humanité.

Comprenez, alors, mes amis, le chemin qui nous reste
à faire pour devenir une commune modèle.

Puisque la littérature dans son sens le plus étendu ou
le plus restreint, exprime un être individuel ou collectif,
la plus belle est celle qui exprime, raconte, chante
l'Être des êtres : la littérature des littératures, c'est
l'Univers.

Oui, l'Univers est le corps, la forme, l'expression, la
langue et la littérature de Dieu. Ses mots à lui, ses livres, sa poésie, sa musique, son architecture, sa sta-
tuaire et sa peinture sont les étoiles qui sont des soleils,
les nébuleuses qui sont des sociétés de soleils, les co-
mètes, les planètes ou terres, et sur ces terres : les métaux, les minéraux, les végétaux, les animaux, les
continents et les mers, les vallées et les montagnes, les
pluies et les vents, les éclairs et les tonnerres, l'homme
enfin qui résume le tout, et mille autres chefs-d'œuvre
plus magnifiques que nous verrons un jour à la grande ·
et lumineuse exposition d'outre-tombe, où l'on entre
par la noire petite porte de la mort.

Cet immense aspect matériel, visible, littéraire de l'Être des êtres me révèle son aspect spirituel, intelligent et invisible ; cette forme multiple et universelle me montre le Moi divin, le Dieu un et personnel avec autant d'évidence, de certitude, que vos corps me démontrent vos âmes. Oui, mes amis, je vois Dieu comme je vous vois ; je crois à son existence comme à la vôtre.

Dans un sens beaucoup plus vaste encore, la littérature serait donc la phase condensée, concrète dans laquelle toute force intelligente et consciente se réfléchit pour s'exprimer, se formuler, se voir elle-même et se faire voir.

La littérature est à la fois une science et un art. Elle est science quand elle traite de la connaissance des livres, elle est art quand elle enseigne à les composer.

Pour écrire un livre, un discours, une lettre, il faut connaître la langue littéraire, ou langue des livres, qui est plus relevée que celle de la conversation, mais qui n'est pas plus difficile.

Pour apprendre à parler comme un livre, il suffit de lire, de relire et de raconter pendant quelques mois, mais sans se répéter ni s'arrêter, un livre bien écrit. Alors aussi l'on sait faire ce que dans le patois des pensionnats de Paris, on appelle des *styles* : c'est-à-dire qu'on peut, avec une plume, parler des lettres, faire des comptes, rédiger des notes, des mémoires, composer des compliments, des discours, etc. Il suffit pour cela que la plume écrive les formules que dicte la bouche. Mais il ne faudrait pas confondre ces styles bavards, suffisant aux besoins ordinaires, avec l'art si difficile d'écrire qui consiste à dire simplement, purement, clairement surtout, beaucoup de choses en peu de mots, qui repose sur l'art de penser et que je cherche encore, hélas ! malgré trente années de poursuites.

Comme vous avez appris à piocher en piochant, à labourer en labourant, c'est en pensant que vous apprendrez à penser.

Jusqu'ici, vous avez passé à côté des choses sans y regarder et presque sans les voir; désormais, il faut leur donner toute, mais toute votre attention. A propos de n'importe quel objet, — et à plus forte raison de ceux qui vous intéressent le plus, — demandez-vous : qu'est cela ? d'où vient cela ? à quoi bon, ou à quoi meilleur cela ? La réflexion est la source de toute instruction, de toute invention, de tout perfectionnement, de tout progrès, de toute vertu, de tout bien. Le paysan qui ne pense pas, se met au niveau intellectuel des animaux qu'il conduit et qui, trop souvent, le conduisent.

Surtout, réfléchissons sur nous-mêmes, puisque la connaissance de l'homme renferme toutes les autres et que nous devons faire de nous-même le point de départ, le résumé vivant, le *quelque chose* auquel nous rapporterons tous les objets de nos études.

Voilà, mes amis, tout ce que, pour aujourd'hui, je voulais vous dire sur la Littérature. Il me reste, si vous n'êtes pas trop fatigués, à vous dire aussi quelques mots sur l'Histoire.

IV.

Vos souvenirs, mes amis, ne remontent guère, n'est-ce pas, au delà de votre troisième année ? L'origine, pour chacun de vous se perd dans la nuit du temps ; et je gage que sur bon nombre de choses qui vous sont arrivées, déjà votre mémoire est en défaut.

Mais vous n'avez point oublié sans doute comme vous étiez faibles, ignorants de toute chose, de tout devoir, de toute pudeur, comme vous étiez vif-argent, bavards, vantards, tapageurs, insolents, insensibles aux coups, alors que vous barbottiez ensemble nu-pieds, dans le ruisseau transformé, sous vos mains, en un petit lac par un barrage de boue ! Vous vous rappelez comme les grands vous faisaient croire tout ce qu'ils voulaient ; comme vous déguerpissiez de la maraude du plus loin que vous aperceviez les gendarmes et le garde champêtre ; comme vous vous signiez à chaque zigzag d'un éclair et rentriez à l'*hoto* au premier fort coup de tonnerre !

Pour moi, je me vois, entre dix et douze ans, l'un des plus étourdis, des plus indisciplinés, des plus vagabonds, des plus maraudeurs, des plus sans pitié des enfants du village et cependant l'un des plus peureux. J'avais terreur des revenants qui ne reviennent pas ; de Satan cornu, portant griffes et fourche, que je n'ai jamais vu ; et même de Dieu que je me figurais tantôt comme un géant qui montrait sa tête au sommet des nuages, tantôt comme un œil énorme encadré dans un triangle de feu, et toujours braqué sur moi du haut des lucarnes du ciel. Ce bon Dieu-là, mes amis, me causait vraiment une peur de diable.

J'étais aussi d'une curiosité sans pareille et qui m'a coûté bien cher. Que de fois n'ai-je pas failli me tuer ou m'empoisonner en touchant et goûtant à tout ! Et Dieu préserve vos petits frères de cette science précoce du mal que m'enseignaient les imprudentes réponses des grands garçons à mes questions effrénées. Je maudirais toute ma vie ces initiateurs funestes, si je ne croyais qu'ils péchaient alors par plus d'ignorance et de légéreté que de méchanceté et de réflexion. Cependant il n'est aucune extrémité à laquelle, dans un premier mouvement d'indignation furieuse, je ne me sente capable de me porter contre la grande personne que je surprendrais initiant l'innocence au savoir libertin dont tant de pauvres enfants sont les victimes.

Vers douze ou quatorze ans, et non autour de sept, la raison commence à nous faire discerner le bien du mal. Alors nous nous faisons de Dieu une idée moins imparfaite, nous devenons moins turbulents, moins ravageurs, moins donneurs et receveurs de tapes et de *piles*, moins cruels envers les animaux, moins poltrons, etc.

Mais c'est seulement à votre âge, mes amis, de 18 à 25 ans, que le soleil de la raison, en montant par degrés dans le ciel de l'âme, devient assez fort pour percer l'épais brouillard de superstitions et de préjugés qui enveloppe le matin de la vie humaine, assez fort aussi pour diriger vers un noble but ces énergies ou passions que l'adolescence, la croissance de la vie développe en nous. L'adolescence est pour chaque sexe l'âge ascensionnel de la force, de la beauté, de l'amour, de la liberté, de la générosité, de l'espérance et de l'illusion ; l'âge des plénitudes, des exubérances et des conquêtes de toutes sortes. Mais c'est l'âge aussi où le sentiment et l'imagination attelés au char de notre destinée, prennent le mors aux dents et nous versent meurtris, mourants ou morts dans les fossés de la route, si la raison ne prend en main les rênes.

Sous le nom de virilité, l'adolescence se continue jusqu'à 40 ou 45 ans, pour s'appeler alors maturité. La maturité aux yeux de la foule est le midi, le solstice, l'apogée de l'homme ici-bas ; tandis qu'aux yeux du philosophe, le point culminant de la vie est ou devrait être la mort. Mais exposons les choses comme l'apparence nous les montre, telles que le vulgaire les croit, ou plutôt telles que nous les faisons par notre ignorance des lois de la vie, ou l'abus de notre liberté.

Si la maturité est un sommet, c'est aussi le point de départ de la descente et de la corruption. N'est-ce pas le fruit mûr qui est le plus près de se gâter ?

De ce pic où il stationne quelques jours, l'homme peut apercevoir et contempler les deux versants de la montagne de la vie et ses plus larges horizons. Mais si vaste qu'il soit, tout horizon est une borne, et notre ambition sans limite dépasse toujours le cercle des choses que notre œil embrasse. Déçu donc, triste, douteur, l'homme descend le plus lentement possible la pente occidentale de l'existence, appuyé sur la réflexion et sur la prudence, d'une main semant les regrets sur sa route, de l'autre serrant sa bourse contre son cœur, à mesure que son horizon décroît. Il arrive enfin ridé de corps, de cœur, d'intelligence, au bord du gouffre auquel aboutit sa descente, ballotté entre la peur de l'enfer et la terreur du néant. Cependant il pourrait entendre le soleil, avant lui disparu sous l'horizon, lui crier : « Ne crains rien, ce

crépuscule du soir où tu entres est l'aube d'un matin ;
cette tombe qui s'ouvre sous tes pas est un berceau ;
cette mort qui t'épouvante est à peine un léger évanouis-
sement ; pour toi comme pour moi, c'est l'aurore, l'heure
dorée d'une autre vie, sous un autre hémisphère, dans
un monde plus beau que celui que tu vas quitter. »

La raison et la foi, la logique et l'intuition répondent
aussi à celui qui les interroge : l'homme n'est jamais
plus vivant que lorsqu'il est mort, car au lieu de ne
se sentir que dans l'étroite personnalité de sa vie terres-
tre, il se sent désormais et se voit ressuscité dans tous
les êtres du globe auxquels il s'est trouvé mêlé, sans
qu'il en eût alors conscience, lesquels grandissent sa
personnalité sans diminuer en rien la leur.

Mais nous devons nous en tenir en ce moment à ce
que les sens, l'expérience, les faits nous apprennent.
C'est la vie et la mort selon l'homme, et non la vie
et la mort selon la nature et selon Dieu que nous avons
à raconter.

L'homme englouti dans l'abîme du temps, son nom
surnage et bruit pendant une, deux, cent générations
au plus, dans la mémoire de ses proches, de ses amis,
de l'humanité, puis il sombre dans le silence et l'oubli ;
seconde mort plus triste que la première.

Voilà, mes amis, d'une manière générale l'histoire de
l'individu. Si dans ce cadre étroit l'un de nous mettait
par écrit la date et le lieu de sa naissance, sa parenté, ses
relations, ses faits et gestes, ses qualités et ses défauts,
ses goûts, ses croyances, ses projets et ses rêves ; ses lut-
tes contre les obstacles qui se sont opposés au développement de sa raison et de sa liberté, à son émancipation

intellectuelle et morale, en un mot tout se qu'il a senti, pensé, fait, depuis qu'il se souvient; et si, de plus, il indiquait en quoi son expérience peut l'aider à éviter le mal, à faire le bien et à s'améliorer dans l'avenir : ce récit à la plume de ses événements passés, ces *confidences*, ces *mémoires*, cette *description* de sa *vie* seraient sa biographie.

L'Histoire est la biographie d'un peuple, ou du genre humain.

En lisant l'Histoire, vous verrez, mes amis, que chaque peuple, comme chaque individu, a son enfance, sa eunesse, son âge mûr et sa vieillesse ; qu'il passe par la débilité, l'ignorance, la superstition, la foi aveugle, pour arriver, à travers mille obstacles, à cette période de force, de raison, de richesse et de civilisation qui par degrés aussi, va déclinant pour aboutir à la décomposition et à la mort. Vous verrez quels combats d'Hercule a dû livrer l'humanité contre la nature, contre la fatalité de races et de climats, en un mot contre tous les serpents qui l'enlacèrent à son berceau, pour arriver à ce commencement d'émancipation et de liberté sociale dont elle jouit maintenant, et dont une nouvelle sainte alliance du despotisme et de la superstition voudrait en vain la déposséder.

L'origine et la nature divine de l'humanité vous démontreront aussi avec l'histoire que le progrès, un progrès indéfini, est la loi du genre humain ; que l'humanité monte, monte et monte sans cesse au milieu des décadences et des morts apparentes des individus et des peuples dont elle se nourrit; que, par conséquent, le présent, à quelque heure de la durée qu'on l'envisage, a été, est et sera toujours le point culminant, le point le plus élevé de notre espèce.

Ainsi, par exemple, le moyen âge lui-même, qui peut à première vue sembler un recul du genre humain vers la barbarie, était un pas en avant sur l'âge antérieur, sur les beaux siècles de Périclès et d'Auguste, puisque l'idée chrétienne qui fermentait dans ce chaos social transformait insensiblement la société païenne fondée sur le polythéisme et l'esclavage en une société nouvelle basée sur l'unité de Dieu, sur la fraternité des hommes enfants de Dieu et sur la liberté. C'était une des époques transitoires ou moyennes de l'humanité.

Voilà le progrès nécessaire, divin, que l'homme, à cause de son libre arbitre, peut hâter ou ralentir à son gré, mais qu'il ne saurait empêcher absolument. Fille imparfaite de la perfection souveraine, l'Humanité ne peut pas être stationnaire comme une borne, rétrograde comme une écrevisse ou tourner perpétuellement dans le même cercle comme l'écureuil dans sa cage, le cheval aveugle dans son manége. Elle doit poursuivre dans une spirale sans fin, pour s'améliorer sans cesse, l'idéal divin qui est en elle et dont elle s'approchera de plus en plus sans pouvoir l'embrasser jamais.

Ainsi verrez-vous dans l'histoire les civilisations des Indiens, des Chinois, des Perses, des Egyptiens, des Juifs, des Grecs, des Romains, des Arabes, des peuples modernes, se succéder dans la suite des siècles sans se répéter jamais, et la dernière résumer toujours la précédente en y ajoutant une idée nouvelle, c'est-à-dire une manière moins imparfaite de comprendre Dieu, l'Univers, l'Homme et sa destinée. Puis, en comparant toutes ces civilisations à la nôtre, vous comprendrez que c'est la France qui, à cette heure, marche à la tête dea nations dans leur procession vers l'idéal.

Cette loi de progrès, est celle-là même qui fait que nos pères sont plus éclairés, plus libres, plus heureux que ne l'étaient leurs ancêtres qui ne savaient ni lire ni écrire, qui donnaient par semaine au château trois jours de corvée dont le seigneur les remerciait par la potence pour un simple délit de chasse. C'est par ce même progrès que vos parents vous admirent plus instruits qu'eux, et que vous-mêmes verrez vos enfants plus savants, plus indépendants et plus fortunés que vous ne l'êtes, car ils doivent couronner l'édifice de la Commune Modèle dont nous posons ensemble la première pierre.

Qu'ajouterai-je à ces considérations, pour vous faire apprécier toute l'importance de l'Histoire ?

J'ajouterai qu'elle est aussi nécessaire au genre humain que la mémoire à chacun de nous ; car l'histoire est la mémoire de l'Humanité.

Qu'arriverait'il, mes amis, si nous venions subitement, vous et moi, à perdre le souvenir ? Il arriverait que nous ne saurions plus ni parler, ni marcher, ni manger, ni prévoir et fuir le danger ; que nous retomberions tout à coup dans une enfance pire que celle d'où nous sommes sortis avec tant de peine ; mais non pour longtemps, car au bout de deux ou trois jours et sans pouvoir sortir de cette salle où nous sommes, nous mourrions tous de faim les uns après les autres.

De même, si l'on ôtait à l'Humanité l'Histoire qui est sa mémoire, elle perdrait à l'instant même le fruit de l'expérience des siècles : ses langues, ses industries, ses arts, ses sciences, sa religion, ses civilisations diverses, et s'immobiliserait dans la mort.

C'est parce que l'Histoire est la mémoire et les *mémoires* de l'Humanité, que je vous disais en commençant qu'elle embrasse toutes les connaissances humaines ; qu'elle est la science des sciences ; que chaque science est une histoire et n'est qu'une histoire.

En effet, qu'est-ce que la Théologie et la Philosophie ? C'est l'histoire des idées et des systèmes que les hommes se sont faite sur Dieu, sur le Monde, sur l'Humanité et sur les rapports de l'homme avec Dieu, avec ses semblables, et avec les autres êtres de la création.

Qu'est-ce que la Cosmographie, l'Astronomie ?

C'est l'histoire du Monde, des astres, de leurs révolutions, de leurs lois connues, et des hypothèses par lesquelles on remplace provisoirement les lois qu'on ignore.

Qu'est-ce que la Géographie et la Géologie ?

C'est l'histoire de la terre, des divisions physiques, politiques, etc., de sa surface, des opinions qui expliquent sa formation, des couches qui sont les feuillets de ses archives, etc.

Qu'est-ce que l'Histoire naturelle dont la Géologie fait partie, et qui comprend en outre la Minéralogie, la Botanique, la Zoologie, l'Anthropologie ?

C'est l'histoire des métaux, des pierres, des plantes, des animaux, de l'homme.

Qu'est-ce que les Mathématiques ?

C'est l'histoire des nombres et de l'étendue.

Qu'est-ce que la Psychologie, la Logique, la Morale ?

C'est l'histoire de l'âme, de ses facultés, de l'art de

les diriger dans la recherche du vrai et la pratique du bien.

Qu'est-ce que l'Anatomie et la Physiologie?

C'est l'histoire du corps humain, de ses différentes parties, de leurs places, de leurs rapports et de leurs fonctions.

Qu'est-ce que la Médecine?

C'est l'histoire des moyens de prévenir les maladies par l'Hygiène, de les connaître par le Diagnostic, de les guérir par la Thérapeutique.

Qu'est-ce enfin que l'Agriculture et l'Horticulture?

C'est l'histoire de la culture de la terre par le soc et par la bêche; l'histoire de l'éducation des végétaux utiles ou agréables, de la domestication des animaux; c'est l'histoire du blé, de la vigne, du pain et du vin, etc., et de tous les autres moyens par lesquels l'homme est sorti de l'état sauvage pour s'élever progressivement à l'état supportable où nous vivons aujourd'hui; l'Agriculture et l'Horticulture sont en un mot l'histoire même de la civilisation.

Nous verrions en continuant que la Politique, le Droit, etc., que chaque science, chaque art, chaque industrie, est de même une histoire particulière de l'histoire générale de l'Humanité.

Si donc un nouveau déluge menaçait l'espèce humaine, et qu'il nous fût donné de préserver une partie des livres de nos bibliothèques, je vous crierais avec l'un de nos plus grands écrivains : « Mes amis! sauvons l'Histoire et sauvons la Littérature qui écrit l'Histoire! »

AUGUSTE GUYARD.

BULLETIN

de l'Œuvre de Frotey-lez-Vesoul.

A Don Luis F. Guiard, à Mexico.

Après une si longue et si inquiète attente, j'ai donc enfin de vos nouvelles, mon très-cher frère ami. Mais où et dans quelle circonstance m'est tombé ce bonheur, vous ne le devineriez jamais !.... Chez M. Vilmorin, où j'avais accompagné notre bien-aimé père venu pour trois jours à Paris, afin d'assister à une fête donnée au profit de Frotey !

Nous avons lu votre lettre, assis au bord de la Seine, sous les peupliers et les saules qui ombragent la pointe occidentale de la cité, à cinquante pas d'Henri IV sur le Pont-Neuf, comme de vrais provinciaux. Dans sa joie en larmes, papa me disait : comme cette lettre de Ferjeux me défatigue ! J'aurais volontiers fait ces cent lieues rien que pour te l'entendre lire.

L'anarchie qui désole depuis si longtemps votre beau pays adoptif, m'explique bien comment vous n'avez reçu que mes deux premières *Lettres aux gens de Frotey*. Je bénirai votre jeune empereur s'il se hâte de donner à nos relations épistolaires la régularité et la sécurité qu'elles n'ont jamais eues. Vos postes sont de vraies postes russes.

Votre lettre est remplie d'exclamations sur les difficultés de mon entreprise. Elle en a bien autrement que vous ne supposez, mon cher Ferjeux, et vous auriez pu en aplanir plus d'une, si, répondant *oui* d'avance au point d'interrogation qui termine votre lettre, vous m'eussiez envoyé un petit morceau de papier à mon ordre sur un banquier de Paris.

Je sais bien que, pendant cette longue interruption forcée de notre correspondance, j'aurais eu le temps de déménager de la rue Cassette et même de ce monde, et qu'avant de m'adresser votre souscription de fondateur de la commune modèle, il vous fallait savoir si et où je vivais.

Je vous écris, donc je vis, mon cher Forjeux ; et, chose extraordinaire pour un Parisien, et surtout pour un artiste en phrases, je vis depuis cinq ans chez le même propriétaire. Ainsi, vous pouvez en sécurité m'envoyer vos piastres avec vos chers enfants que j'attends depuis dix-huit mois.

Vous avez voulu plaisanter, sans doute, par ce singulier *post-scriptum* : avez-vous besoin d'argent?

Demander à un homme de lettres, sans éditeur et sans rentes sur l'Etat, à un fondateur qui ne bat point monnaie avec la peur du diable, mais avec l'amour de Dieu et des hommes, s'il a besoin d'argent, c'est demander aux Mexicains s'ils ont soif d'ordre, aux Russes s'ils ont soif de liberté, aux Parisiens s'ils ont soif d'une eau abondante et filtrée, de vin naturel, de loyers à bon marché ! C'est comme si vous alliez vous dresser en crosse d'évêque devant tous les gens dont le cœur soupire et leur disiez : avez-vous besoin vous, femmes, d'amour ? vous, artistes, d'idéal ? vous, cultivateurs, d'engrais ? vous, médecins, de physiologie, d'hygiène et de pilules de mie de pain ? vous tous, humains, de vertus, d'infini, de Dieu, d'immortalité? C'est enfin, comme si vous demandiez aux campagnes s'il leur faut des bras, des capitaux, des lumières; et à la France, s'il lui faut des femmes capables de faire des mères qui fassent des hommes qui édifient des communes modèles !

Et dans quel moment ai-je reçu votre plaisanterie? Le lendemain même de notre fête parisienne qui, tous frais prélevés, donnait à l'Académie de Frotey moins de 400 francs pour sa part.

Puisque vous m'écrivez de Mexico, vous avez reçu maintenant la collection de mes *Lettres aux gens de Frotey*, que j'ai fait remettre, par une main sûre, chez votre honorable correspondant, avec votre diplôme d'académicien. Vous savez donc ce que c'est que l'académie de Frotey, et vous êtes au courant des progrès de mon œuvre et surtout de ses besoins.

C'est pour subvenir à ces besoins que l'académie parisienne de Frotey a donné la fête du bois de Boulogne. Si cette fête n'eût pas été, en quelque sorte, improvisée; si le temps eût été moins incertain; si elle n'eût pas eu contre elle cinq ou six autres fêtes ce même dimanche, la recette brute, qui a été d'environ deux mille francs, eût facilement doublé, car les journaux se sont mis à notre disposition avec une infatigable bienveillance, et Paris a répondu à leur appel avec un empressement qui témoignait de beaucoup plus de sympathie que de curiosité.

Parmi les journaux parisiens qui ont largement annoncé la fête, ou bien en ont rendu compte en amis de la commune modèle, je vous citerai : le *Moniteur*, les *Débats*, le *Constitutionnel*, le *Siècle*, la *Presse*, l'*Opinion nationale*, le *Globe*, l'*Economiste français*, le *Petit Journal*, etc.

Parmi ceux des départements :

Le *Journal de la Haute-Saône*, la *Presse grayloise*, le *Courrier de la montagne*, de Pontarlier, la *Revue littéraire de la Franche-Comté*, le *Cultivateur charentais*, le *Pilote de la Somme*, le *Courrier de Saône-et-Loire*, le *Journal de Seine-et-Oise*, le *Conciliateur de Vaucluse*, le *Journal de l'Orne*, le *Journal de Valognes*, le *Mémorial de la Loire*, l'*Etincelle*, de Bordeaux, le *Bulletin de la Société d'agriculture de Poligny*, la *Fraternité*, journal des Sociétés de secours mutuels et de la Société du Prince impérial.

Enfin, parmi les journaux étrangers : le *Morning-Star* et le *Daily News*, de Londres; le *Progrès par la science*, et le *Messager des villes et des campagnes*, de Bruxelles; l'*Impartial*, de Bruges; le *Diaro*, de Barcelone; le *Nouvelliste*, de Hambourg, etc.

Au lieu de vous raconter la fête moi-même, je laisserai

parler les journaux, me contentant de redresser les erreurs de compléter les renseignements et de vous prémunir contre un exagérer bienveillant, fait dans l'excellente intention, sans doute, d'exciter l'émulation de mes imitateurs en France, en Belgique et ailleurs, mais qui me valent, de la part des ennemis de la lumière dans les campagnes, un reproche que seuls ils méritent; car ils mettent un charlatanisme effréné à déprécier une œuvre que je me contente de présenter décemment au public dans ses habits des dimanches.

Il est facile aux journalistes — loin de Frotey — de confondre, dans mon programme, ce qui reste à faire avec ce qui est fait déjà, et, par conséquent, de tomber dans l'exagération. Mais les ennemis de l'œuvre placés sur les lieux savent parfaitement que tout ce qu'annonce mon prospectus comme réalisé, l'est véritablement. C'est bien pour cela qu'effrayés de la marche rapide de mon œuvre, ils nient aux autres un progrès au galop qu'ils n'osent s'avouer à eux-mêmes, et qu'ils s'efforcent de m'arrêter par tous les moyens réprouvés des honnêtes gens.

Mais vous savez, mon cher Ferjeux, que je ne suis pas de ceux qui reculent devant un devoir, surtout s'il devient périlleux; vous savez combien je serais heureux d'être le Ferréol (1) de l'éducation, de la civilisation rurale dans le cher pays où la routine, cette vieille nourrice obstinée du paysan, voudrait immobiliser son pauvre nourrisson dans le maillot des préjugés et des superstitions du moyen âge.

Tant que l'œuvre de Frotey n'a eu que des adversaires, on pouvait douter de son importance et de ses progrès; on ne le peut plus aujourd'hui qu'elle a l'honneur d'avoir des ennemis, d'être traitée comme une puissance.

Mais la routine a beau faire; elle sera, un beau jour, noyée

(1) Ferréol et Ferjeux ont été les apôtres et les martyrs du Christianisme en Franche-Comté. Ils étaient frères.

dans son ornière ou broyée sur un rail par la locomotive du progrès.

Dès le lendemain de la fête parisienne du 29 mai, l'*Opinion nationale* en rendait compte la première en ces termes :

« La fête de bienfaisance donnée par l'Académie parisienne de Frotey, a eu lieu hier au bois de Boulogne, avec une affluence de sympathies bien plus grande encore que nous n'avions osé l'espérer.

» Outre les Parisiens associés à cette bonne œuvre, et qui ont accepté en signe de concours le titre de membre correspondant de l'Académie de Frotey, la section locale, la vraie Académie qui siége à Frotey, était là représentée.

» A côté de M. Vernerey, maire de la commune, décoré de son écharpe, était assis le président de l'Académie, M. Guyard père; puis M. Carrier, professeur à l'école normale de Vesoul et professeur du cours d'agriculture qui se fait le dimanche aux habitants de Frotey; il y avait aussi le garde forestier, M. Creuchet, qui est de l'Académie villageoise, et à juste titre : je m'oublierais volontiers à ses récits; d'autres encore...., mais la mémoire me fait défaut. Ces loyales figures, fières et rustiques, donnaient à la fête un caractère particulier.

» Pour' ma part, j'éprouve le besoin de dire merci à ceux qui ont bien voulu répondre à l'appel qui leur a été adressé par la voie de ce journal. Qu'ils soient assurés que c'est une belle et grande œuvre, malgré ses dehors modestes, que celle à laquelle ils ont mis avec nous la main. On jette une petite graine dans la terre, et il en sort un arbre immense; non pas en un jour ni en cent, bien entendu, parce que tout ce qui doit avoir durée est long à venir.

» Mais le progrès n'en est pas moins assuré, et, sous la garde de Dieu, le semeur a confiance.

Frotey, grâce à l'initiative d'un de ses enfants, est en voie de donner un grand exemple. Les hommes politiques font de beaux discours et de grands articles sur la décentralisation : lui, sans parler, il s'est mis à l'œuvre. Il décentralise à sa façon, qui est la bonne : il pousse au développement de la vie communale. »

Ch. SAUVESTRE.

Le Siècle : « Dimanche dernier, le Bois de Boulogne était en fête... on fêtait une création nouvelle qui peut devenir la régénération des campagnes en France. Paris, la cité modèle, faisait accueil à la commune modèle. Le beau monde donnait l'hospitalité à la députation de Frotey-lez-Vesoul. Cette création d'une commune pouvant servir de type à toutes les communes est l'œuvre de M. Auguste Guyard, ancien rédacteur du *Bien public*.

» Ces journalistes ne doutent de rien. M. A. Guyard, en voyant la transformation des villes, a pensé qu'il ne serait pas inutile de travailler à la transformation des campagnes, et pénétré de cette idée, il s'est imposé la tâche courageuse de doter son pays d'une commune modèle. Cette tâche n'est pas petite ; c'est en deux mots « l'émancipation intellectuelle et morale de la campagne. Edmond TEXIER. »

Le *Petit Journal* : « A l'heure où je vous écris, cher ami, une fête d'un caractère tout particulier réunit au Bois de Boulogne des gens fort étonnés de se trouver ensemble : l'ambassade persane, des ministres, des préfets, des poëtes, Emile Deschamps entre autres, des journalistes de toutes nuances, des femmes du monde, des paysannes, des villageois venus de fort loin grâce à l'obligeance de la Compagnie de l'Est, qui a mis des places gratuites à leur disposition ; que sais-je encore ?

» Un de nos plus honorables confrères, un excellent esprit et, ce qui vaut mieux encore, un très-grand cœur, Auguste Guyard, ancien collaborateur de Lamartine, auteur de petits livres qui valent leur pesant d'or, Auguste Guyard donc, s'est mis en tête, à lui tout seul, d'ériger son village natal en commune modèle.

« Voyez ce que peut la foi, ce que peuvent l'activité, le dévouement d'un homme ! Cet excellent Guyard est arrivé à ses fins. Il a soulevé un monde. Il a groupé autour de son œuvre les noms les plus considérables, il a obtenu pour elle le patronage de toutes les illustrations. La fête donnée aujourd'hui au Pré-Catelan est au profit de cette œuvre si modeste et qui deviendra si féconde.

» Ceux qui voudront avoir plus de détails, qui voudront savoir comment un pauvre homme de lettres parvient à faire de si grandes choses, n'ont qu'à s'adresser à Auguste Guyard lui-même... Je vous dénonce en lui le meilleur et le plus aimable des hommes. L'ermite de la Riante. »

L'*Economiste français*, rédigé avec un talent si transcendant par M. Jules Duval, donne des détails plus intimes dans l'article suivant qu'a reproduit le *Journal de la Haute-Saône* :

« La fête donnée à Paris le 29 mai dernier par l'Académie de Frotey-lez-Vesoul, au profit de la commune modèle de ce nom, sous le patronage de l'ambassadeur de Perse, de M. le baron Tharreau, préfet de la Haute-Saône et de Mme la baronne Tharreau, a été des plus brillantes, quoique ayant eu contre elle la concurrence de bien d'autres fêtes.

» Tous les amis parisiens de Frotey s'étaient donné ce jour-là rendez-vous au bois de Boulogne, dans la vaste enceinte du Pré-Catelan, et leur sympathie communicative se reflétait sur tous les visages, aussi bien dans la foule des piétons qui débordait sur les pelouses pour céder les allées à l'affluence inusitée des équipages aristocratiques, que parmi les grandes dames qui fleurissaient de leurs plus gracieux visages les corbeilles de leurs calèches découvertes.

» Vers trois heures, la députation de l'Académie frotéenne a fait son entrée au Pré-Catelan, au milieu des fanfares des musiques militaires que S. Exc. le maréchal Magnan avait très-obligeamment mises à la disposition de l'Académie. Elle avait à sa tête son directeur, M. Auguste Guyard, fondateur de la commune modèle; son président, M. Guyard père, vénérable vieillard de 80 ans, et son trésorier M. Vernerey, maire de Frotey, revêtu de l'écharpe municipale. Quelques membres vésuliens de l'Académie s'étaient mêlés à la députation villageoise, notamment M. Carrier, professeur à l'école normale de Vesoul, inaugurateur des cours d'adultes récemment fondés à Frotey.

» Avant de se rendre à la fête, les députés étaient allés en corps déposer des cartes collectives chez leurs présidents honoraires. M. le duc de Morny, M. Drouyn de Lhuys, M. Duruy, Hassan Ali-Khan, M. de Lamartine, etc.

» L'ambassadeur de Perse, retenu au lit par une indisposition, a fait exprimer à la députation, par le secrétaire interprète de l'ambassade, Nazar Aga, ses vifs regrets de ne pouvoir assister à la fête. Mais la colonie persane y était représentée par quatre de ses membres : Mirza Abdul-Vahab, cousin de l'ancien ambassadeur Ferruck Khan ; Hussein-Khan et Mirza Réza Khan, fils des consuls généraux de Perse à Tiflis et au Caire, et par le riche négociant Hadji Gassim.

» Parmi les visiteurs distingués de cette fête, on a remarqué S. Exc. M. Duruy, ministre de l'instruction publique, et Mme Duruy; M. Genteur, conseiller d'Etat, secrétaire général de l'instruction publique ; M. Thiers; Rossini; le baron Taylor; l'ambassade ottomane, etc.

» Les commissaires de la fête attiraient également l'attention, autant par le contraste des costumes que par celui des conditions sociales. La toque écossaise, ornée de topazes et de plumes d'aigle, brillait entre le chapeau français et la

3

mitre persane ; et la rosette, insigne du commissariat, s'épa-
nouissait verte, blanche et violette, aussi bien à la bouton-
nière du garde-forestier et des paysans de Frotey qu'à celle
des messieurs, des gentlemen et des khans.

» On remarquait aussi l'apôtre de la commune modèle,
semant lui-même partout à pleines mains les prospectus de
son œuvre de civilisation rurale, avec les vers d'Emile Deschamps, faits pour la circonstance. L'infatigable semeur
n'était distrait de cette occupation que par les rédacteurs des
journaux français ou étrangers qui l'accostaient afin d'obtenir
de lui des renseignements pour leurs correspondances.

» La tombola qui a terminé la fête a été tirée par un jeune
persan, âgé de dix ans, coiffé de son noir *koulah*. Une esquisse
de Gérôme a été gagnée par l'Empereur.

» La fête a été couronnée par une grande soirée, donnée
aux membres parisiens et aux députés de l'Académie frotéenne dans les salons de M. et Mme Jules Delbrück. A cette
soirée charmante se pressaient une foule d'invités.

» M. Jules Delbrück n'a pas été le seul à s'associer, par
un concours personnel, au fondateur de l'œuvre de Frotey.
M. Sauvage, directeur du chemin de fer de l'Est, a bien voulu
mettre aussi dix places gratuites, aller et retour, à la
disposition des académiciens de Frotey ; et M. Robin,
le physicien thaumaturge, leur a offert, le jour même de leur
arrivée, une de ses plus belles séances de physique amusante.

« Quel que soit le résultat financier de la fête, son résultat
moral est immense. Donnée sous les plus éminents et les plus
gracieux patronages, célébrée par une réunion d'élite, appuyée
par tous les journaux de Paris, grands et petits, sérieux et
graves, quotidiens et hebdomadaires, elle inaugure solennelle-
ment en France et dans le monde entier l'idée de la commune
modèle.   Carl STASS. »

A ces détails parfaitement exacts, j'en ajouterai quelques
autres. Par les soins de M. Dessirier, trois généreux artistes

ont bien voulu prêter, ce jour-là, leur concours gratuit à l'Œuvre de Frotey : M. Poëncet, l'un des maîtres de *violoncelle*; M. Auschulz, pianiste éminent; M. Castel, chanteur du plus gracieux talent. M. Saint Félix, directeur du Pré-Catelan, nous avait aussi procuré gratuitement des chœurs d'orphéonistes.

Outre l'esquisse de Gérôme, on voyait parmi les lots de la riche tombola, le grand ouvrage *in-folio* sur l'Egypte, d'Hector Horeau; de grandes photographies hippiques de Delton; des presse-papiers en cristal, percées par l'électricité, du physicien Robin ; des photographies de Nadar et de Piallat; des objets de la maison Giroux ; des bonbons de Siraudin; divers lots obtenus par M. Saint-Félix; un autographe de Meyerbeer; des autographes donnés par la comtesse Dash; l'ingénieuse méthode de musique de Mlle Wurth; des broderies des maisons impériales des Loges et d'Ecouen ; enfin le manuscrit de ces vers chaleureux d'Emile Deschamps, improvisés pour la circonstance :

En secourant Frotey, la commune modèle,
Vous donnez à la France, et des trois mers au Rhin ;
C'est encor, c'est toujours le symbole fidèle :
L'Aigle vit dans un œuf; la moisson, dans un grain.
Des civiques vertus la contagion sainte
Veut s'étendre de branche en branche à l'arbre entier;
Plus d'un grand voyageur part d'un petit sentier ;
Donc : un immense bien dans une étroite enceinte.

Voilà le but lointain de notre œuvre qui naît :
Nobles hôtes, voilà ce qu'aujourd'hui vous faites.
Quoi de céleste au monde et de beau, si ce n'est
La charité, venant sanctifier les fêtes !....
Suivis du doux parfum des fleurs, déjà vos noms
Sont inscrits au séjour éternellement calme ;
Reconnaissants de cœur, nous ne vous décernons
Que bouquets passagers ; Dieu vous garde la palme.

EMILE DESCHAMPS,
l'un des Présidents d'honneur de l'Académie de Frotey.

Versailles, 23 mai 1864.

L'Empereur a souscrit à la fête pour 100 fr. ; son Exc. Hassan
Ali Khan, ambassadeur de Perse à Paris, pour 100 fr.; leurs
Exc. MM. les maréchaux Vaillant et Randon, M. le duc
de Morny, M. Drouyn de Lhuys, M. le comte Bacciochi,
M. le prince Demidoff ont pris chacun pour 25 fr. de billets;
le prince de Metternich, M. Troplong, président du Sénat,
et le gouverneur des Invalides chacun pour 10 fr.

A la soirée académique, par laquelle M. et Mme Delbruck
ont couronné cette belle journée, on remarquait, mêlés aux
académiciens de Frotey, M. de Curton, trésorier des dons
de l'Empereur; Mme de Curton, l'une des dames patronnesses
de Frotey; M. Martin Paschoud; M. et Mme Ch. Sauvestre ;
M. Bourguin ; M. Grosselin ; M. Mazon, l'auteur de *Jean
Bruyère;* Mirza Réza; M. et Mme Dessirier ; MM. Carrier et
Vogel, de l'Ecole normale de Vesoul; M. et Mme Wladimir
Gagneur et bien d'autres personnes des plus distinguées dont
les noms m'échappent.

L'hospitalité de M. et Mme Jules Delbruck est vraiment
des plus charmantes. Voilà un salon où l'on s'entend à former
des groupes sympathiques et à mettre le monde à l'aise ! Les
gens de Frotey semblaient y être comme chez eux ; il est vrai
que plusieurs d'entre eux étaient de la maison depuis plusieurs
jours.

Vous connaissez par les journaux M. Jules Delbruck : c'est
l'un des fondateurs des crèches; c'est l'éditeur de cet excellent
Journal des Mères et des Enfants qui lui a coûté une partie
de sa fortune et dont il réimprime, chaque année, depuis
quatre ans, la quintessence sous le titre de *Récréations
instructives,* en un beau grand in-quarto splendidement illus-
tré. Il a déjà donné, en différentes fois, à l'œuvre de Frotey
douze de ces magnifiques volumes. Il a mieux fait, il est
allé passer avec sa famille huit jours à Frotey, d'où, m'écrit-
il, il a rapporté, malgré le peu qui y est fait encore, d'excellentes impressions dont je suis heureux, car M. Delbruck

n'est pas de ceux qui voient d'abord le beau côté des choses.

M. Delbruck est un de ces socialistes pratiques, un de ces esprits clair voyants qui ont compris que la commune modèle est la conception économique qui convient à notre temps ; que mieux vaut d'abord un idéal à mi-côte compréhensible à la foule et facile à réaliser, qu'un idéal sublime, à la portée seulement du petit nombre et contre lequel viendrait échouer l'expérience ; que la commune modèle enfin est un des degrés nécessaires de l'échelle du progrès et qu'il serait périlleux à l'humanité de ne point s'appuyer sur cet échelon pour monter plus haut.

Voilà pourquoi il a voulu être un de ses parrains et dorloter l'enfant au berceau.

Bon nombre de socialistes des diverses écoles semblent vouloir se rallier provisoirement à la commune modèle.

C'est qu'en effet le succès de cette institution serait pour eux une espérance, tandis que son échec serait le coup de grâce donné à tous leurs systèmes. On se dirait à bon droit : s'il n'est pas possible de réunir dans un village les améliorations sociales déjà réalisées çà et là ; d'édifier une commune modèle avec d'excellents matériaux tout taillés qui n'attendent qu'une main pour les coordonner, à plus forte raison serait-il impossible de reconstruire la commune rurale de fond en comble d'après des plans nouveaux, souvent contradictoires.

Mais la possibilité d'une commune modèle est tellement évidente que les esprits les plus positifs, les hommes les plus pratiques, des ministres, des ambassadeurs, des conseillers d'Etat, des députés, des préfets, des magistrats, etc., ne craignent pas de la patronner, alors même qu'elle n'est guère encore qu'à l'état de théorie.

Vous avez eu déjà, mon cher ami, des preuves nombreuses de ce patronage dans mes *Lettres* précédentes. En voici quelques autres :

La veille de la fête du bois de Boulogne, M. Genteur, m'écrivait :

Paris, 28 mai 1864.

« Monsieur, je vous suis très-obligé de l'invitation que vous m'avez fait l'honneur de m'adresser pour la fête de dimanche à laquelle je serai heureux de me rendre.

» Agréez, Monsieur, avec mes remercîments, l'expression de mes sentiments les plus distingués.

» Le conseiller d'Etat secrétaire général de l'instruction publique.   « GENTEUR. »

A M. Guyard, directeur de l'Académie de Frotey.

« Vesoul, 28 mai 1864.

« Monsieur, ... Je crois que rien ne s'oppose à ce que nous acceptions, M. le baron Tharreau et moi, le patronage que vous nous avez offert..... Vous pouvez donc disposer de nos noms si vous croyez qu'ils puissent aider au succès de la fête que vous avez organisée. Je joins à cette lettre un mandat sur la poste de 40 fr., dont vous disposerez comme vous le jugerez convenable...   Baronne THARREAU. »

« *A M. Auguste Guyard.*   Paris, 28 mai 1864.

« Monsieur, La musique du 70e de ligne a été mise à votre disposition pour la fête de bienfaisance qui doit avoir lieu au Pré-Catelan, le 29 mai à une heure.

» M. le maréchal commandant le premier corps d'armée me fait connaître qu'il m'autorise aussi à mettre à votre disposition la musique du 72e de ligne, si les exigences du service ne s'y opposent pas...

» Le général de division commandant la place de Paris,
« SOUMAIN. »

Au directeur de l'Académie parisienne de Frotey-lez-Vesoul, qui lui offrait le titre de président d'honneur, M. Duruy a répondu :

« *A M. Auguste Guyard.*   Paris, 26 avril 1864.

» Monsieur, J'accepte avec empressement l'honneur que veut bien me faire l'Académie de Frotey-lez-Vesoul, et je vous prie d'être auprès de mes nouveaux collègues l'interprète de mes sentiments de reconnaissance.

» Recevez, Monsieur, l'assurance de mes sentiments les plus distingués,

» Le Ministre de l'Instruction publique,   V. Duruy. »

« *A M. Auguste Guyard.*   Paris, 2 mai 1864.

» M. le duc de Morny a reçu la lettre et le diplôme que vous lui avez adressés. Son Excellence apprécie l'utilité de l'œuvre que vous avez fondée ; elle accepte le titre de président d'honneur, et vous prie d'être, auprès des membres de l'Académie de Frotey, l'interprète de ses remercîments.

» Recevez, Monsieur, l'assurance de ma considération distinguée,   Le chef du cabinet,   E. Lépine. »

« *Ministère d'État.*   Paris, 3 juin 1864.

» Monsieur, J'ai reçu, avec la lettre que vous m'avez fait l'honneur de m'écrire, le diplôme de Président d'honneur de l'Académie de Frotey-lez-Vesoul. Je suis fort sensible à cette marque d'attention, et j'accepte avec le plus vif plaisir la distinction honorifique que vous voulez bien m'offrir.

» Agréez, etc. Pour le Ministre d'État,   G. Rouher. »

J'ai aussi adressé à l'Impératrice, au nom de l'Académie de Frotey, un diplôme que Sa Gracieuse Majesté a daigné conserver, bien que j'eusse pris la liberté de la prévenir que le non-renvoi de ce diplôme serait considéré par nous comme une acceptation.

———

Voici l'extrait d'un article de quatre pages de M. J. Tissot, professeur de philosophie et doyen de la Faculté des lettres de Dijon, président de l'Académie de la même ville, article inséré dans la *Revue littéraire de la Franche-Comté*, n° *d'août* 1864 :

Lettres aux gens de Frotey.

« Il n'y a, dit-on, que Dieu seul qui puisse faire quelque chose de rien. Voici un homme, mais un homme de foi, M. Auguste Guyard, qui s'est donné une tâche analogue. Et, ce qui est presque miraculeux, il a réussi, autant du moins que jusqu'ici le succès était absolument possible...

» C'est dans ses *Lettres aux gens de Frotey*, qu'on trouve l'explication du fait dont nous parlons. On y trouve bien d'autres choses : c'est un tableau plein de grandeur et de grâce adressé à ses anciens camarades et amis d'enfance ; c'est un morceau d'un esprit profondément religieux, essentiellement chrétien, malgré quelques métaphores que certaines gens ont prises à la lettre, sur la dignité de l'homme ; c'est une troisième lettre à ses compatriotes sur la dignité et le bonheur du paysan, lettre qui devrait être répandue à profusion dans toutes les communes rurales de France. Nulle part nous n'avons lu de parallèle aussi animé, aussi rapide, aussi complet, aussi vrai de la vie des champs et de la vie des grandes cités, surtout de la capitale. C'est un morceau achevé, un chef-d'œuvre. On cherche des livres à mettre dans nos bibliothèques communales ; la lettre de M. Guyard devrait y tenir le premier rang. Tous nos enfants des écoles primaires devraient la posséder. Pourquoi n'y joindrait-on pas celle qui a pour objet *l'émancipation intellectuelle et morale?*

» ..... M. Guyard est un initiateur plein d'intelligence, de persévérante activité, d'une incomparable ardeur, un véritable apôtre, un de ces hommes qui ont une foi assez vive pour transporter des montagnes. Il n'a jamais eu de secret ; il a publié son œuvre aux quatre coins du monde. Lisez comment il a commencé, comment il continue, ce qu'il compte faire avec le temps et avec l'argent qu'il n'a pas, qu'il n'a jamais eu, et que cependant il a dépensé déjà, et qu'il dépensera encore.

» ... Tout le monde peut s'associer à son œuvre qui, menée à bien, aurait la plus grande influence. Nos compatriotes franc-comtois seront certainement jaloux de l'honneur et du bonheur d'y coopérer largement.   J. TISSOT »

La Revue littéraire de la Franche-Comté, de trimestrielle qu'elle était, sera mensuelle du 1er novembre prochain.

On s'abonne à Besançon, chez Bulle, libraire. Prix : 7 fr. 20 c. les 12 livraisons par la poste.

Le *Bulletin de la Société d'agriculture, sciences et arts de Poligny* (Jura), la plus nombreuse et la plus active de toutes les académies de France, contient ces paroles trop flatteuses ; n° d'avril 1864 :

L'Œuvre de Frotey-lez-Vesoul.

« En opposition à des exemples bien propres à décourager la pensée, il se passe en ce moment dans un village de la Franche-Comté, un événement véritablement digne d'attirer l'attention et de fixer les regards du monde entier. Si on l'eût annoncé d'avance, malgré le mot héroïque de Napoléon Ier, il eût été accueilli par l'incrédule et lâche expression habituelle : « C'est impossible. »

» La république idéale de Platon ; l'utopie de Thomas Morus ; la Cité du soleil de Campanella, l'organisation modèle de Salente dans Télémaque ; tout cela est de très-loin dépassé.

3.

» Ce qui dans les Vosges, au Ban-de-la-Roche, de 1740
à 1826, a été entrepris pour le bien-être matériel, par le vénérable pasteur Frédéric Oberlin ; ce que, dans un département limitrophe, sur les bords de l'Ain, le saint curé d'Ars
a effectué naguère pour le bien spirituel des âmes ; cet apostolat de bienfaisance et de charité un généreux et courageux
citoyen de la Haute-Saône, un intrépide pionnier de civilisation et d'enseignement, est en train de le poursuivre sous le
triple rapport du perfectionnement physique, intellectuel et
moral, au milieu des populations qui l'ont vu naître...

» C'est un devoir pour tout organe de la publicité de consacrer celle dont il dispose à répandre la connaissance de l'œuvre admirable de Frotey-lez-Vesoul, H. CLERC, archiviste. »

Enfin, M. Genty de Bussy, vice-président de la *Société protectrice des animaux*, dans le compte rendu annuel des travaux de cette Société inséré au *Bulletin*, juin 1864, s'exprime
ainsi :

« Nous avons parcouru les *Lettres aux gens de Frotey* de
M. Aug. Guyard, et notamment celle qui porte le n° 5 ; et il
nous a semblé difficile de déployer plus de sagacité, plus de savoir-faire, plus d'à-propos dans la fondation d'une commune
modèle que ne l'a fait cet excellent homme : la meilleure preuve,
c'est qu'il a réussi. Mais que de sollicitude, que de peine, que
de ténacité pour atteindre cette émancipation intellectuelle et
morale, objet de ses vues ! Nulle part les principes de la *Société protectrice* n'ont été plus largement entendus qu'à Frotey, et ce n'est certes pas trop pour cette persévérance et ce
zèle hors ligne, que d'accorder à M. Guyard, pour ses *Lettres aux
gens de Frotey*, une médaille d'argent de première classe. »

Deux ou trois semaines avant la fête du bois de Boulogne,
le dimanche 8 mai, après les Vêpres, avait eu lieu à Frotey.

l'inauguration de nos *cours d'adultes*. Elle s'est faite sous la présidence de M. Dornier, inspecteur des écoles primaires, par une leçon d'arboriculture de M. Carrier, professeur à l'école normale de Vesoul. La salle était comble. Outre M. le maire et MM. les membres de l'Académie de Frotey, on voyait parmi les auditeurs M. Filingre, rédacteur en chef du *Journal de la Haute-Saône*, et MM. les instituteurs de Quincey et de Colombe, invités par M. l'inspecteur à assister autant que possible à ces cours.

M. Lahérard, payeur du département, l'un de nos professeurs, retenu à Vesoul par la maladie, s'était excusé par une lettre, et avait envoyé une leçon manuscrite sur les instruments perfectionnés. Cette leçon, écrite à son lit d'agonie, a été sa première et sa dernière, hélas ! Je ne l'ai pas sous la main pour vous en donner un extrait. La mort de Ch. Lahérard, excellent homme et parfait agronome, est une très-grande perte pour l'agriculture dans la Haute-Saône et un deuil profond pour sa famille et ses amis.

Les cours d'adultes ont été ouverts par un petit discours de M. Bonnamy, instituteur et secrétaire de l'Académie de Frotey ; en voici quelques passages :

« Messieurs, le nom de commune modèle donné à Frotey a sans doute fait sourire quelques-uns d'entre vous, et plusieurs n'ont pas craint de traiter son fondateur de fou et d'illuminé. Eh bien, Messieurs, la commune modèle est en bonne voie de prospérité, et, pour justifier sa devise, *elle grandit en marchant...*

» L'idée de la commune modèle a parcouru la France entière, et partout elle a été accueillie avec enthousiasme. Des écrivains amis du progrès se sont empressés de prêter leur concours à M. Guyard... Voilà un an à peine que la commune modèle est fondée et déjà beaucoup de bonnes choses y ont été établies ; je n'ai pas besoin de vous les rappeler, vous les connaissez.

» Le nom de Frotey, Messieurs, a fait le tour du monde, et, comme le dit un spirituel journaliste, M. Rattier : » Frotey sera un jour le lieu que toute bouche nommera comme on nomme Bouvines, Wagram ou Vaucouleurs. »

» Honneur donc, gloire et profonde reconnaissance à l'homme qui a voulu doter son village de tant de bonnes institutions. Saluons de nos acclamations le fondateur de la commune modèle, l'homme qui s'oublie lui-même pour se dévouer à son pays : « *Vive M. Guyard !* »

Des vivats prolongés ont répondu à ces paroles.

Vous voyez, mon cher Ferjeux, combien M. Bonnamy est dévoué à mon entreprise. Cependant, sur les points essentiels, nous sommes aux antipodes. Il est de ceux qui me disent comme monseigneur de Versailles : « J'approuve votre œuvre, mais non vos principes. » C'est que M. Bonnamy comprend que la *commune modèle* est une œuvre essentellement civile qui peut s'arranger avec toutes les opinions politiques ou religieuses ; que les rues, les places publiques, les fontaines, les écoles, l'hôtel de ville ou de village, le temple même, — à Héricourt il sert à deux cultes, — ne sont ni catholiques, ni huguenots, ni monarchistes, ni républicains ; que, par conséquent, le citoyen, quels que soient sa secte et son parti, qui prend l'initiative de l'amélioration des choses communes à tous, a droit aux sympathies et au concours de tous sans exception.

Voilà, mon cher Ferjeux, ce que ne comprennent pas encore ceux qui me font de l'opposition à Frotey, et ce que je voudrais qu'ils pussent comprendre comme Mgr l'évêque de Versailles et comme M. Bonnamy.

L'œuvre de Frotey a reçu des actes récents du ministre de l'instruction publique et du préfet de la Haute-Saône, une sanction qui l'encourage: M. Duruy invite par une circulaire les préfets à fonder : 1° dans chaque village une distribution solennelle de prix, afin d'y entretenir l'émulation ; 2° et dans chaque canton des prix annuels pour les adolescents qui, au sortir de l'école, auront le mieux conservé et le plus accru l'enseignement primaire. Le grand ministre a bien raison : « Le meilleur moyen d'avoir les prisons vides, c'est de tenir les écoles pleines. »

Sous le patronage de M. le baron Tharreau, la ville de Vesoul a fondé des cours d'adultes publics et gratuits qui ouvriront le 1er novembre prochain, et des courses de chevaux qui ont été brillamment inaugurées le 18 septembre dernier.

Depuis ma cinquième lettre, la liste de mes souscripteurs s'est augmentée des nouveaux noms qui suivent :

Mmes d'Alvarès ; Denis ; la maréchale de Mouromtzoff ; Pailhès, veuve du général ; Emile Pasquier ; Prince ; la baronne Tharreau ; Mlle de Molles et miss Spiller.

MM. Bagot, négociant ; le Dr Barrier ; Boissière, propriétaire ; Brown, maire de Bridgwater ; Burguy, entrepreneur de chemins de fer ; H. Chaminade ; D. Courtois, négociant ; Delbruck ; le colonel Daniel du Colhoë ; Wladimir Gagueur ; Greff, inspecteur honoraire des écoles ; Huet, percepteur ; Lemercier, lithographe ; de Meaude ; Ménault, rédacteur du *Moniteur* ; Michelet, de l'Institut ; le général persan Moshin-Khan ; Nariman-Khan, conseiller de l'ambassade de Perse à Constantinople ; Noir, curé ; Poëncet, violoncelliste ; Victor Poupin, homme de lettres ; Roussel, membre du conseil général de la Meuse ; Savignon, armateur.

M. Chaumont, d'abord coopérateur, puis bienfaiteur de l'œuvre, me prie de le compter parmi les fondateurs. Il acquittera sa cotisation par un versement de 100 fr. par an pendant 10 ans.

M. Clairefond, coopérateur, s'inscrit parmi les bienfaiteurs, en attendant qu'il augmente le nombre, hélas ! si petit des fondateurs.

Mes amis s'étonnent souvent qu'après l'immense publicité donnée à mes lettres aux gens de Froley par les journaux, elles ne comptent pas encore deux cents souscripteurs. Cependant cela s'explique. La commune modèle n'offre pas à la foule un intérêt assez immédiat et présent pour attirer de suite son attention et ses sympathies. Elle n'intéresse d'abord que les âmes généreuses qui sont rares en ce monde. Ce qui m'étonne, moi, c'est que j'aie pu, en seize mois, grouper autour de mon œuvre cent soixante intelligences d'élite, cent soixante cœurs dévoués. — C'est trois cents que je devrais dire, car la moitié de mes adhérents sont des gens de lettres, des journalistes, des personnages, etc., qui me rendent d'autres services que des services d'argent, et auxquels je n'ai pas encore osé demander un abonnement. — Ce qu'il fallait à mon œuvre pour la bien asseoir, c'était, avant tout, la qualité de ses adhérents; la quantité viendra ensuite. Elle viendra quand mes adhérents voudront bien s'imposer la tâche de recruter chacun dix autres souscripteurs, et tous le feront dès aujourd'hui que je viens les en prier; et vous verrez, mon cher Ferjeux, que je commencerai avec deux mille abonnés mon petit journal hebdomadaire la *Commune-Modèle* dont j'ai fait la déclaration au ministère de l'intérieur, et que je voudrais faire paraître très-prochainement.

Cet *Educateur* du village à 10 fr. par an suffirait à lui seul à fonder en France vingt communes modèles, si les quarante mille municipalités de l'empire voulaient s'y abonner pendant dix ans. Ruche sociale, la commune-type doit essaimer aussi : voilà pourquoi Frotey une fois constitué emploiera tout son superflu à aider à la fondation d'autres communes modèles.

Des dons importants de livres ont été faits ces derniers mois à l'œuvre de Frotey. Voyez plutôt :

« *A M. Auguste Guyard.*   Paris, 13 août 1864.

» Monsieur, j'ai l'honneur de vous annoncer que, par arrêté

en date de ce jour, je viens d'accorder à la bibliothèque communale de Frotey-lez-Vesoul un certain nombre d'ouvrages provenant du dépôt légal.

» Je suis heureux d'avoir pu prendre cette décision en faveur d'un établissement auquel vous voulez bien vous intéresser.

» Vous pourrez faire retirer ces volumes par une personne munie de votre autorisation.

» Recevez, Monsieur, l'assurance de ma considération distinguée.

» Pour le ministre de l'Instruction publique et par autorisation, le chef de division. L. BELLAGUET. »

Cet envoi de l'Instruction publique contenait environ 60 volumes. M. Bellaguet, tout dévoué à l'œuvre de Frotey, m'avait déjà remis quelque temps auparavant une vingtaine de volumes dont il avait pu disposer de lui-même.

J'ai reçu en outre :

De M. E. Dentu, libraire de la Société des gens de lettres, vingt volumes de ses plus belles éditions ;

D'une main inconnue deux douzaines d'exemplaires d'un opuscule intitulé *Une mère*; c'est le journal d'un bon fils qui s'entretient dans le devoir par le souvenir quotidien d'une mère adorée ;

De M. Emile Loubens, l'un des plus dignes chefs d'institution de Paris, douze exemplaires de son *Livre de tous*, exquis petit traité de morale et de religion, et quelques exemplaires de ses autres ouvrages d'éducation ;

De M. Michel Greff, inspecteur honoraire des Ecoles primaires, en son nom propre et au nom de ses enfants associés à sa bonne œuvre, plus de deux cents exemplaires de ses trois ouvrages : le *Cathéchisme agricole* ; la *Fermière* ; l'*École et la Ferme*. Ces petits volumes à 50 c., concis sans sécheresse, simples avec élégance, profonds avec clarté, religieux sans superstition, me semblent des modèles des livres destinés aux campagnes :

De M. Jacques de Valserres, avocat, rédacteur du *Constitutionnel* et de la *France*, cinquante exemplaires de ses *Dialogues populaires sur le droit rural*. C'est le premier livre de droit que j'aie pu lire ; il m'a réconcilié avec une science qui m'avait toujours été antipathique.

M. Tissot, doyen de la faculté des lettres de Dijon, m'a envoyé un bon sur son libraire pour six exemplaires de ses *Méditations morales*, à prendre chaque année jusqu'à épuisement de l'édition.

« Alors vous l'aurez tout entière, me dit un ami auquel je racontais la générosité du philosophe de Dijon : on achète *l'art de gagner à la Bourse*, les *Mémoires de Laïs* ou du *Bourreau* ; mais un gros in-8, rappelant aux hommes de notre temps qu'il y a une morale sur laquelle ils doivent méditer, qui donc l'achètera ? »

Tous ceux qui l'auront lu, comme vous et moi, répondis-je en lui en prêtant un exemplaire. J'en ai fait mon *vade-mecum* et celui de mes enfants ; j'en veux faire aussi le livre de Frotey ; je vais en acheter douze autres exemplaires pour nos adolescents, pour nos membres de l'Académie, pour les instituteurs des communes voisines, qui feront cette année concourir leurs élèves avec les nôtres.

Pendant que le célèbre éditeur de la rue des Grès, **M.** Durand, me faisait un paquet des *Méditations morales*, je lui en expliquais la destination et lui parlais aussi de notre bibliothèque.

Comment ! vous avez pu instituer une bibliothèque dans votre village ! s'étonna l'honnête éditeur : intelligents villageois ! heureux homme ! Eh bien ! moi, moi libraire, qui pouvais si bien doter ma commune natale de cette *pharmacie de l'âme*, je n'ai jamais pu faire accepter mes livres ; mes efforts se sont brisés contre l'ignorance et le mauvais vouloir.

— Pourquoi, lui dis-je, ne donneriez vous pas à Frotey les livres que refusent les gens de chez vous ?

— C'est mon idée.

Quelques heures après cet entretien, je recevais de M. Durand, un premier à-compte de trente volumes.

Au lieu de répandre à Frotey une grande variété de livres médiocres, j'y multiplie les exemplaires d'un petit nombre d'excellents ouvrages, tels que ceux de MM. Bourguin, Delbruch, Greff, Loubens, Lefèvre-Bréart, de Valserres et Tissot. En seize mois j'ai déjà semé dans les familles frotéennes plus de cinq cents volumes. J'attends les meilleurs fruits de ces semences de premier choix.

J'ai reçu aussi pour mon propre compte, en échange de mes *Lettres aux gens de Frotey*, les ouvrages fort remarquables de MM. Barral, de Noiron, Médius, Wladimir Gagneur, Muston, Mazon dont, à mon grand regret, je ne puis parler aujourd'hui. J'en parlerai dans la *Commune modèle*.

Les artistes ont aussi voulu payer leur tribut à l'œuvre de Frotey.

Mlle Anaïs Parcord m'a donné pour notre petit musée un joli pastel de fleurs et de fruits.

M. Layendeker, le portraitiste si distingué, une délicieuse vierge à l'enfant, demi-nature à l'huile.

Mlle Anna Fohr, élève de l'Ecole allemande et de M. Galimard, a fait exprès pour notre église un grand tableau à l'huile qui lui a coûté plus de six mois de travail. Cette toile, consacrée au souvenir de notre chère mère, représente sainte Elisabeth de Hongrie et le miracle des roses. L'ensemble en est doux et harmonieux comme le sujet le demande ; l'expression de la tête est charmante et réunit la dignité de la reine à la modestie et à la piété de la sainte. Les fleurs, quoique sacrifiées à la tête, n'en sont pas moins bien rendues et ajoutent au tableau un charme de plus. Quelques-unes de ces roses ont été peintes d'après d'admirables échantillons rapportés par moi du jardin de notre père.

Reposons-nous un peu, mon cher ami, devant cette belle toile. A demain la suite de mon récit.

Suite du Bulletin.

Rien n'avait manqué au triomphe de la commune modèle à Paris, le 29 mai, pas même l'insulteur. Ce jour-là, une petite feuille hebdomadaire bourdonnait à la fois dans la même page un plat article pseudonyme contre notre Académie et une réclame mirobolante pour Frotey. Parti, dit-on, d'un endroit voisin d'où il m'a été signalé, cet article fut le prélude et le signal des hostilités anonymes dirigées contre l'œuvre et l'ouvrier. On semble avoir voulu systématiquement employer contre nous l'arme du ridicule.

Mais le ridicule est l'arme des faibles; le sérieux est celle des forts. Je ripostai donc en fondant un concours annuel d'agriculture et d'éducation entre Frotey et les sept communes dont les territoires sont contigus au nôtre : Coulevon, Comberjon, Montcey, Dampvalley, Colombe, Quincey, Navenne. Ainsi devenus les émules de la commune modèle, ces villages ne pourraient pas en rire.

Ce concours vicinal eut l'approbation unanime de l'Académie de Frotey. Elle en fixa l'inauguration au 21 août 1864, et le retour annuel au dimanche qui suit la fête du 15 août.

Le programme en fut envoyé aux maires, aux curés et aux instituteurs des huit communes appelées.

La réponse de la municipalité fut polie, bienveillante et sympathique. Mais deux maires seulement me répondirent. Celle de la cure fut le contraire. Un seul curé m'envoya, au nom de tous, une lettre injurieuse où l'on allait jusqu'à m'accuser d'athéisme.

Cependant M. le curé de.... m'a fait dire depuis qu'il n'était point hostile à l'œuvre et l'on m'assure que celui de... partage ces mêmes bonnes dispositions.

Trois instituteurs seulement consentirent à faire concourir leurs élèves.

Ainsi, notre concours était accueilli d'un côté avec indifférence, de l'autre avec des antipathies et des préventions de parti pris qui remontaient à la naissance même de l'œuvre.

A partir de là, les oppositions ne gardèrent plus de mesure et allèrent croissant jusqu'au 21 août.

Jusqu'alors, les ennemis de l'œuvre, ces utopistes du mouvement en cercle ou à reculons qui donnent si gratuitement le nom d'utopiste aux hommes de progrès, avaient regardé le *grand œuvre* de Frotoy comme l'enfant d'un cerveau malade, qui n'était pas né viable et n'en avait pas pour trois mois. Mais, contre leur croire et leur espoir, le gars était robuste, et tellement, qu'à l'âge de 16 mois, le voilà qui, à peine nourri et presque en guenille, se met à flâner seul emmi le territoire provoquant ceux des communes voisines à s'émanciper et à concourir avec lui à travers champs et vergers, non plus, notez bien, pour marauder les olivettes et les cerises, mais pour les garder ; non plus pour souffler les œufs des fauvettes, voler leurs oisillons tout rouges, et supprimer à coups de pierres les lamentations des mères, mais pour regarder celles-ci sur leurs nids avec une curiosité protectrice, en leur émiettant du pain noir le long des buissons.

Or, cela voyant, ceux du tourner sur place et du récalcitrer qui tous ont le progrès en grippe parce qu'il les dérange ; qui veulent que les enfants continuent à ravager les champs, les vergers et les nids, parce que c'est une vieille et donc sainte habitude ; cela voyant, ceux de la routine s'émurent ; ils se mirent à chuchoter la calomnie, à grincer les injures, à nous lapider clandestinement, à creuser à la brune, en les recouvrant de gazons perfides, des trappes dans tous nos sentiers.

En d'autres termes, à partir de la fixation de la date du

concours vicinal, tout fut mis en œuvre pour me faire peur et m'empêcher d'aller à Frotey le 24 : chansons, parodies, affiches, calomnies, menaces, etc. Il y avait conspiration évidente. On a surpris le mot d'ordre des conjurés : « Si 1863 fut le baptême, que 1864 soit l'extrême-onction. Mais gardons bien l'anonyme ! C'est là le point cardinal. »

Cependant les amis de Frotey applaudissaient de toute part à la fondation de ce concours. Toute la presse, le *Moniteur* et le *Journal de la Haute-Saône* en tête, l'annonçait avec bienveillance ; les dons pour notre vente ou notre tombola arrivaient de Paris, des départements, de la Belgique ; et de généreux citoyens se disputaient l'honneur de fonder quelques-uns de nos prix.

Le chef du cabinet de M. le Président du Corps législatif m'écrivait :

« *A M. Aug. Guyard*,   Paris, 29 juillet 1864.

» .... M. le duc de Morny me charge de tenir à votre disposition la somme destinée à faire les fonds de l'un des prix de la deuxième catégorie : animaux de labour, vaches laitières, etc.

» Je m'empresse de me rendre aux ordres de Son Excellence, et vous prie d'agréer, Monsieur, l'assurance de ma considération distinguée.   Le chef du cabinet,   E. L'Epine. »

Je recevais du ministère d'Etat cette bonne nouvelle :

« *A M. Aug. Guyard*.   Paris, 28 juillet 1864.

» Monsieur, je m'empresse de vous faire savoir que M. le ministre d'Etat souscrit pour une prime de trente francs à la fête d'inauguration du *Concours vicinal* de Frotey-lez-Vesoul.

» Agréez, l'assurance de ma considération distinguée.

E. Rouher.

M. Salles, préfet de l'Aube, m'envoyait, avec une lettre tout aimable, le montant du prix d'ornithophilie, — respect des nids des oiseaux utiles à l'agriculture.

M. le Président de la Société d'agriculture de la Haute-Saône, conseiller de préfecture, me disait :

« Vesoul, 10 août 1864.

« Mon cher M. Guyard, je m'empresse de vous informer que le bureau de la Société d'agriculture a décidé qu'une prime de 40 fr. serait donnée au garde forestier de Frotey, et que remise lui en serait faite publiquement le 21 courant en participation de la fête que vous préparez pour le même jour... Heureuse de cette occasion de s'associer à vos efforts, la société n'éprouve qu'un regret celui de n'être pas en position de faire mieux.   Le Président GALMICHE. »

Puis je recevais : de la maison Vilmorin, 25 fr. pour le prix de légumes, fruits, céréales, etc.;

De MM. Catellan, pharmaciens, 40 fr. pour prix à la mère de famille élevant le mieux ses enfants ;

De M. Barbet, le célèbre chef d'institution, 50 fr. pour le prix de l'instituteur de Frotey.

Et pour prix non spécifiés :

20 fr. de M. Bernard, juge au tribunal de commerce de Beaune ;

20 fr. de M. Grosselin, sténographe de la chambre.

20 fr. de M. le capitaine Grosjean.

On m'envoyait pour notre vente : M. Chaumont, deux très-vieilles et très-belles copies de Téniers. La maison Guillard. qui fournit le prince Impérial, une riche collection de jouets.

M. et Mme Gagneur, cinq lots d'un goût exquis ; Mme Emile Pasquier, six charmants lots d'objets français ou étrangers ;

Mme Auguste Morel, petite-fille du général Marulaz, des broches de Bruxelles, des dentelles de Malines, etc. ;

La maison Courtois, une grande caisse de pains d'épice pour les enfants de nos écoles ;

MM. Robin, Nadar, Piallat, répétaient leurs dons généreux, etc., etc.

Le 16 août j'ouvrais une nouvelle lettre anonyme qui me soulevait le cœur de dégoût; je ne comprends pas que la passion puisse porter un homme à se dégrader à ce point. L'épître nauséabonde se terminait par cette menace : « Si tu viens à Frotey dimanche, tu t'en repentiras. »

Trois jours après, j'embrassais notre si digne père dont le dévouement redouble avec les obstacles ; j'embrassais Désiré qui avait voulu aller mettre au service de l'œuvre l'influence de gratitude et d'estime dont elle jouit à Frotey ; et j'apprenais que les gens avaient voulu remettre au 21 leurs fournées de gâteaux et de brioches du 15, afin de s'associer à notre fête.

Le 20, j'allai, selon ma coutume, rendre ma première visite aux écoles et donner aux enfants leur petite paye mensuelle. On appelle celle que je fais ainsi moi-même la paye du *Jubilé*, à cause de la jubilation des enfants qui reçoivent intégralement, chacun, leurs cinquante centimes, sans aucune retenue pour les absences.

Le dimanche 21, avant la messe, les juges du concours visitèrent les animaux amenés des communes voisines. Ensuite, notre père disposa au jardin de l'Académie son exposition de vingt-deux espèces de blés étrangers qu'il a cultivées cette année pour essais, concurremment avec les blés du pays. Quelques-uns de ces blés, quoique semés dans des champs médiocres, ont jusqu'à deux mètres de haut.

Pendant ce temps j'écrivais mon discours. La circonstance était délicate. D'un côté je ne pouvais passer sous silence les injustices et les violences des ennemis de l'œuvre; de l'autre je ne voulais à aucun prix fournir à la malveillance par d'imprudentes paroles le prétexte de se manifester : aussi, deux fois je déchirai mon discours.

J'en terminais un troisième brouillon quand deux hommes

éminents par l'intelligence et par le cœur, M. Bourguin et
et M. Grosselin, venus exprès de Paris pour assister à la fête,
vinrent me prévenir qu'il était plus de quatre heures et
qu'une multitude impatiente attendait au *Cannechevaux* qui
s'appelle aujourd'hui le *jardin de l'Académie*.

— Mais j'aurais voulu d'abord vous lire ces feuilles, dis-je
à ces messieurs.

— Le temps nous manque, me répondit M. Bourguin ; vous
suivrez l'inspiration du moment ; mais pour être fort, soyez
calme et généreux.

Jamais pareille affluence de visiteurs ne s'était vue à Frotey.
Ils remplissaient les routes, les sentiers, les rues et surtout
le jardin de l'Académie, théâtre de la fête. Là s'élevait, devant
une grande corbeille de fleurs, septième du Cannechevaux, à
l'ombre des sapins, au haut desquels flottaient les couleurs nationales, une estrade champêtre entourée de colonnettes de ver-
dure reliées entre elles par des festons de mousse. Nous eû-
mes de la peine à fendre la foule.

On voyait sur l'estrade : MM. Vernerey, maire, et Gousserey, adjoint de Frotey, entourés de membres du conseil municipal et de l'Académie de Frotey ; des dames vésuliennes
en élégantes toilettes ; et parmi les hommes de progrès de
la ville qui daignaient nous honorer de leur présence : M. Galmiche aîné, conseiller de préfecture, président de la Société
d'agriculture ; M. Galmiche son frère, inspecteur des forêts,
venu exprès de Remiremont pour la fête ; M. de la Mar-
tinière, directeur départemental des contributions indirectes ;
MM. l'inspecteur et le sous-inspecteur des forêts de la Haute-
Saône ; M. Grandmougin, avocat, juge-suppléant au tribunal
de première instance ; M. Vitard agent voyer en chef du département, auteur d'une excellente collection d'ouvrages élémentaires ; M. Carrier, professeur à l'École normale de Vesoul ;
M. Filingre, rédacteur en chef du journal de la Haute-
Saône, etc.

En ma qualité de directeur de l'Académie, je pris le fauteuil de la présidence et d'une voix ferme, quoique exténuée, je lus mon discours dont voici la plus grande partie :

» Messieurs, l'œuvre de Frotey, œuvre de lumière, de concorde et de paix, a cependant soulevé dans ce pays de vives oppositions souterraines. Ces oppositions qui voudraient la déshonorer, l'honorent, puisqu'elles sont un hommage rendu à sa puissance ; mais je ne voudrais pas qu'un tel hommage se produisît en ce jour et dans ce lieu. Si donc, de quelque manière et sous quelque prétexte que ce fût, il pouvait se manifester ici l'apparence même d'un trouble, défions-nous. C'est par la dignité du calme que doivent se distinguer les amis de la commune modèle ; et nous tiendrions pour ses ennemis ceux qui répondraient à des provocations possibles, eussent-ils pour eux les apparences de l'amitié.

» Mais espérons que personne ici n'osera troubler cette fête inaugurale placée sous l'illustre et bienveillant patronage de M. le duc de Morny, Président du Corps législatif, de trois ministres de l'Empereur, MM. Rouher, Drouyn de Lhuys, Duruy, et de tous les autres présidents d'honneur de l'Académie de Frotey.

» Messieurs, vous savez tous par quels moyens réprouvés des honnêtes gens, on cherche, depuis plusieurs mois, à entraver l'œuvre de civilisation des campagnes à laquelle j'ai voué le reste de ma vie. Vous avez tous pu lire ces écrits anonymes, entendre ces bruits absurdes répandus à profusion contre Frotey, contre moi, contre plusieurs d'entre vous.

» En présence de ces faits qui ne sont regrettables que pour leurs auteurs, je déclare sur mon honneur, que je défie qui que ce soit de pouvoir ternir, que je ne suis ici l'envoyé d'aucune secte, d'aucun parti ; que l'œuvre de Frotey est l'acte de ma seule initiative ; qu'elle est absolument en dehors de l'administration et du gouvernement ; qu'apôtre, en un mot, je ne relève et ne relèverai jamais que de ma conscience et de Dieu.

» C'est dire assez, Messieurs, que je revendique pour moi seul le ridicule, les périls, les échecs même qui peuvent s'attacher à l'œuvre de Frotey. Mais s'il y a un jour quelque gloire à l'avoir entreprise, je l'abandonne avec bonheur et sans partage aux nobles âmes qui, dans tous les rangs de la société, ne craignent pas de me donner l'appui de leurs courageuses sympathies. Car il faut plus de courage pour s'associer aux œuvres de religion, de raison, de lumière, qu'il n'en faut pour soutenir les préjugés, les superstitions et les œuvres ténébreuses. C'est pourquoi l'homme d'honneur est toujours prêt à signer ses écrits de son nom et ses actes de son sang ; tandis que le malhonnête homme, pour tirer sur la réputation ou sur la personne de son ennemi, s'embusque ordinairement derrière l'anonyme ou derrière les murs...

» Le croira-t-on? les attaques les plus passionnées, les plus injustes, me viennent de ceux qui par état devraient donner l'exemple de la conciliation, de la charité, de la justice. Ils vont jusqu'à m'accuser d'athéisme, moi qui ai fait un livre pour démontrer l'existence de Dieu; moi dont la religion est toute la vie; moi qui verserais avec bonheur tout mon sang pour Dieu et la religion, moi qui fais de l'œuvre de Frotey mon moyen de préparation à la mort, à cette vie éternellement heureuse à laquelle nous arriverons tous un jour après des expiations proportionnelles à nos fautes !

» S'il pouvait y avoir des athées dans le monde... »

Voyez, mon cher Ferjeux, la fin de cette phrase orageuse, ci-après, dans ma lettre au curé de Frotey.

« ... Messieurs, j'ai fait, il y a quinze mois, à la commune de Frotey, ma publique déclaration d'amour à laquelle elle a daigné répondre par un doux oui, le 15 août 1863. Cette déclaration, je la lui renouvelle aujourd'hui devant Dieu et devant vous:

» Frotey où je suis né, où repose ma sainte mère, où vivra cent ans mon vénéré père, Frotey où je désire reposer moi-même un jour entre ma mère et la vertueuse, la fidèle compagne de ma vie! ma chère Frotey, je t'aime comme une mère, comme une sœur, comme une amante, comme une épouse ; je t'aime de tous les amours à la fois et veux t'aimer ainsi toujours.

» Mais toi, si tu ne m'aimes plus, dis-le-moi avec franchise et donne-moi mon congé. Car alors, te laissant mon cœur, j'irais ailleurs semer l'idée dont tu as reçu le germe fécondé et qui tôt ou tard se développera en toi.

» Mais tant que tu m'aimeras, tant que la majorité de tes enfants continuera à voir en moi un père, un frère, un ami, je resterai pour m'occuper de ton bonheur et pour travailler avec toi à ce grand œuvre de régénération sociale, à cette *commune modèle* dont nous avons pris ensemble cette initiative qui a porté ton modeste nom, à travers les océans, dans les cinq parties du monde.

» Que ceux qui voudraient nous brouiller ensemble, ô ma chère Frotey! sachent bien que, de mon côté, ils n'y réussiront jamais; que mes sentiments pour toi sont forts comme l'amour même; que je t'ai sacrifié ma santé, mon repos, ma vie et plus que ma vie, ma réputation dont je n'ai souci que pour toi...

» Je m'étais proposé, Messieurs, de vous entretenir aujourd'hui de l'éducation générale des hommes, des animaux et des végétaux; de cette science et de cet art, les premiers de tous et cependant si peu connus, qui nous font les collaborateurs de Dieu dans le développement progressif des êtres; mais les circonstances ne m'ont pas laissé la liberté d'esprit nécessaire pour traiter ce beau sujet avec le soin qu'il mérite.

» Cinq communes sur sept : Quincey, Colombe, Dampvalley, Coulevon et Comberjon, ont répondu à l'appel de Frotey, chacune, il est vrai, dans une bien faible proportion. Mais je vous répéterai, Messieurs, ce que disait mon père ce matin aux rares concurrents qui ont amené des animaux : « Ce concours vicinal, presque rien aujourd'hui, sera quelque chose l'an qui vient, et surtout dans deux ans. A tout il y a commencement. Le plus grand chêne est d'abord un petit gland. J'ai vu l'une des foires, aujourd'hui les plus courues du canton, débuter par un seul marchand et par un seul acheteur payés tous deux pour donner le branle. »

» De jeunes mères de famille bravant des plaisanteries de mauvais goût viendront tout à l'heure, portant dans leurs bras les représentants roses et potelés d'une génération au berceau, recevoir la faible récompense des soins donnés par elles à l'éducation physique de la première enfance. Mmes Coupe, Lallemant, Pique, de Quincey; Mmes Ducret, Lamboley, Venant, de Frotey, se partageront un prix de 40 fr.

» Les petits garçons des écoles de Quincey et de Colombe ont concouru avec les nôtres pour le prix d'une valeur de 20 fr. offert à la meilleure composition écrite: calligraphie, orthographe et style. Ce prix, qui consiste en beaux et bons livres, sera divisé entre les élèves Michelet, de Coulevon; Vuillemin, de Comberjon; Jules Lamboley et Constant Rolland, de Frotey.

» Sept cultivateurs se partageront de la manière suivante les primes accordées aux animaux :

» MM. Boillon, de Quincey; Charles Gignard, de Frotey; Étienne Pepin, de Colombe, le prix de Sou Ex, le duc de Morny, pour la meilleure vache laitière;

» MM. Blanc, de Comberjon ; Blanc, de Dampvalley ; Bernard, de Coulevon, et Millot, de Frotey, une prime de 30 francs pour moutons et chèvres.

» L'Académie de Frotey a voulu récompenser mon père d'une persévérance de plus de soixante ans à propager dans la Haute-Saône les meilleures espèces de légumes, de fleurs, de fruits, de céréales, etc , en lui accordant le prix de M. le ministre d'État. Heureux de cette distinction, mon père en accepte l'honneur avec la plus vive gratitude, mais il offre à l'œuvre de Frotey la valeur matérielle de ce prix.

» Plus de la moitié des prix du concours vicinal n'ont pas été disputés cette première fois ; espérons qu'ils le seront l'an prochain.

» J'arrive aux prix spéciaux à la commune de Frotey.

» M. Bonnamy, l'instituteur courageux qui a continué le cours de musique vocale de M. Dessirier avec un zèle couronné d'un beau succès, puisque ses élèves ont pu chanter à Pâques une messe à plusieurs parties, M. Bonnamy qui a contribué à l'inauguration des cours d'adultes, qui en qualité de secrétaire de notre Académie lui a rendu tant de services, a bien mérité de l'œuvre ; l'Académie lui accorde un prix de 50 fr.

» Plus heureux que l'an passé, nous n'aurons pas seulement à proclamer une rosière, nous pourrons aussi placer sur sa tête la couronne des bonnes mœurs. Mlle Léonie Colombier qui a mérité cet insigne honneur, mériterait aussi la palme de la générosité, car elle n'a voulu, elle aussi. de son prix que la blanche couronne, abandonnant à l'œuvre les 50 francs auxquels elle a droit.

» Tout le village applaudira également au choix de l'Académie quand on saura que c'est M. Auguste Vagnet qui a mérité d'être proclamé liséen de Frotey pour 1864.

» Laissons, Messieurs, le libertinage et l'ignorance sourire à ce mot de liséen : ce sont les purs qui sont et qui font les forts.

» M. Creuchet garde forestier de la commune, membre de l'Académie de Frotey. recevra un prix de 40 francs pour l'intelligence, le zèle impartial avec lesquels il remplit ses délicates fonctions. Ce prix a été fondé par la Société d'agriculture de la Haute-Saône qui a bien voulu s'associer ainsi à notre fête d'inauguration et à notre intention rémunératrice envers M. Creuchet.

» Deux petits garçons, Ernest Dubret et Claude Daval, ont mérité le prix d'*ornithophilie* et l'ont mérité doublement, d'abord pour s'être abstenus de briser les nids des petits oiseaux ; ensuite pour avoir bravement résisté aux excitations d'un homme de mon âge qui, oubliant le caractère vénérable dont il est revêtu, provoquait ces enfants à les suivre au clocher pour ensemble y dénicher les moineaux.

» J'ai le regret de vous annoncer, Messieurs, que nous ne pourrons pas cette fois donner de prix aux petites filles. L'institutrice si dévouée d'abord à l'œuvre, cédant très-probablement à des influences hostiles, a refusé de donner à M. le maire une liste de récompenses. Je ne la blâme pas, je n'en ai ni le droit ni l'intention ; je l'excuse très-sincèrement au contraire, et c'est bien malgré moi que je me vois obligé de constater ce fait si regrettable.

» Mais demain, à défaut de prix, nous distribuerons en classe, à chaque petite fille, en souvenir de la fête, un bon livre destiné à augmenter sa petite bibliothèque.

» En finissant, je voudrais, Messieurs, répondre quelques mots aux ennemis de l'œuvre qui demandent pourquoi tant de bruit pour le peu de chose que nous avons pu faire encore à Frotey ?

» Pourquoi tant de bruit Messieurs ? C'est parce que Frotey est surtout le clairon que j'embouche pour appeler l'attention sur les intérêts communaux de tous côtés en souffrance dans les campagnes, et particulièrement sur l'idée rédemptrice de la commune modèle. Si j'en sonne ainsi à toute heure et vers tous les points de l'horizon, c'est pour éveiller dans chaque commune de l'Empire un homme d'initiative, et, comme disait Napoléon Ier, un TUTEUR zélé qui l'élève et l'émancipe ; c'est surtout dans l'espoir de faire retourner vers la jeune et belle orpheline un homme riche qui s'en éprenne, ou sérieusement, ou par caprice, ou même par calcul, mais aussi qui l'épouse et la dote.

» Que je désire voir ma commune natale être l'objet de ce Rothschild, personne ne le trouvera mauvais, je pense ; mais je ne serais point jaloux qu'il s'amourachât d'une autre.

4.

L'essentiel n'est pas que Frotey même soit la commune modèle; c'est qu'elle existe quelque part; n'importe où : en Sibérie, dans la banlieue de Paris, à Nouka-Hiva ou sur les ruines du palais de la *Malaria* et de la fièvre, dans les marais Pontins.

» L'essentiel n'est pas non plus que ce soit moi qui la fonde; c'est qu'il y ait un homme d'énergie persévérante, un homme du *volumus et possumus*, du *qui veut peut*, un entêté du bien jusqu'à la mort, qui se présente et me dise : Eh bien! c'est moi qui la ferai! Avec quel bonheur, Messieurs, je lui céderai ce calice, ce martyre et cette gloire!

» Mais tant qu'il ne se lèvera pas un autre apôtre de la *Commune modèle*, je resterai, j'obéirai à la voix divine qui me pousse. Tant qu'on ne m'y aura pas remplacé, tant que mon cher petit village le voudra, je continuerai à y faire le peu de bien que je pourrai, attendant avec patience la personne riche, imbue de ma pensée générale, et partageant mon amour pour Frotey qui, un jour ou l'autre, doit m'aider à le transfigurer.

.... » Je termine, Messieurs, par une absolution générale, car mon âme est sans fiel; car j'aime mieux croire à un malentendu entre les hommes de l'avenir et ceux du passé en ce pays, qu'à un parti pris de la part de ces derniers d'entraver quand même notre œuvre. Oui j'embrasserais sans rancune mes ennemis : d'abord parce que je ne sais point haïr, ensuite parce que leur aveugle opposition aidera plus que tous mes efforts à la fondation de la commune modèle. »

Malgré la phrase agressive — mais peu prudente et que je regrette — par laquelle je voulais repousser plus vivement une odieuse calomnie, mon discours fut salué par les cris répétés de : Vive M. Guyard!

Après une petite comédie jouée par les enfants, nous procédâmes, dans l'ordre suivant, à la distribution des récompenses : 1° Prix du concours vicinal; 2° prix des adultes de Frotey; 3° prix de l'école primaire.

Je veux, mon cher ami, que les noms des petits garçons vainqueurs, ainsi que ceux des grandes personnes, traversent la mer Atlantique.

Prix d'obéissance.

Premier prix : François Ducret ; 2ᵉ prix : Auguste Tuaillon ; 3ᵉ prix : Claude Daval et Léon Creuchet.

Prix d'initiative ou d'émancipation.

Premier prix : Jules Lamboley ; 2ᵉ prix : Constant Rolland ; 3ᵉ prix : Octave Lepaul et Jean Gruyer.

Prix d'ordre et de propreté.

Premier prix : Paul Guyard ; 2ᵉ prix : Ernest Dubret ; 3ᵉ prix : Fortunat Gousserey et Alexandre Miroudot.

Prix de persévérance.

Premier prix : Jean Baptiste Lahouppe ; 2ᵉ prix : Jean Gousserey ; 3ᵉ prix : François Richard.

Nos prix, comme vous voyez, mon cher ami, ne ressemblent pas à tous les autres. Nous ne récompensons pas les facultés naturelles : l'intelligence, la mémoire, etc., mais les bonnes qualités acquises par la volonté, l'effort, la vertu.

L'*obéissance*, si utile à un peuple, puisqu'il n'est heureux que s'il obéit aux lois, est pour l'enfant la vertu capitale, essentielle, nécessaire, et tellement, que sans elle aucune éducation n'est possible. Au contraire, avec cette mère-vertu, l'enfant possède toutes les autres, si on les lui commande, et même celle qu'on pourrait accuser l'obéissance d'empêcher de naître, la vertu d'*initiative* ou d'*émancipation intellectuelle et morale*, sans laquelle il n'y a point d'homme vraiment digne de ce nom.

L'*initiative* forme avec *l'obéissance*, la base de l'éducation. Toute seule, l'autorité cristalliserait ; toute seule, la liberté évaporerait un homme, une société. Mais l'union de l'autorité et de la liberté forme cet état moyen, cette liquéfaction, cet équilibre ou harmonie du corps, de l'esprit, du cœur qui est la santé, la vie heureuse pour les individus et pour les peuples.

L'*ordre* et la *propreté* sont la splendeur de l'éducation. Ces vertus divines doivent illustrer la création progressive de l'homme, comme elles illustrent la création incessante de l'Univers. L'œuvre de Dieu frappe l'œil humain par une ordonnance, par une propreté si admirable, que les Grecs appelaient l'Univers, *Kosmos*, l'ordre, *l'arrangement*, la *parure* ; les Romains, *Mundus*, ce qui est *net, pur, monde* ou *mondé* ; et que nous, Français, l'appelons de ces deux noms à la fois, lorsque nous disons : la *Cosmographie* est la description du *Monde*.

Quant à la *persévérance*, qui transforme la vertu en habitude, c'est le couronnement de l'édifice de l'éducation. Aussi, le prix de ce nom est-il le premier de tous, le prix des prix ; car il contient soit une couronne de rosière, soit une palme de liséen.

Comme je l'ai fait pour l'émancipation, je me propose de traiter de l'obéissance, de l'ordre, de la propreté, de la persévérance, dans mes *Lettres aux gens de Frotey*.

La distribution faite, un des enfants monta sur l'estrade pour lire le compliment que voici :

« Monsieur Guyard, permettez-nous de vous témoigner ici notre profonde gratitude pour les bienfaits dont vous nous comblez.

» Sans doute, à notre âge, nous n'avons pas encore compris

toute la portée de votre œuvre ; mais il est une chose que nous sentons parfaitement, c'est le bien que vous nous voulez, en nous stimulant par tant de moyens à nous instruire et à marcher fermement dans le chemin de la sagesse.

» Veuillez donc, Monsieur Guyard, accepter en échange de vos bienfaits la sincère reconnaissance de nos jeunes cœurs.

» Daignez aussi recevoir nos vifs remercîments, vous tous, Mesdames et Messieurs, qui avez bien voulu honorer cette fête de votre présence et montrer ainsi publiquement combien vous estimez notre cher bienfaiteur. »

Une tombola devait succéder à la distribution des prix. Le temps nous ayant manqué pour l'organiser, l'un des assistants, M. Vitard, proposa de la remplacer par une vente aux enchères qui fut acceptée d'enthousiasme. Après avoir aimablement offert à l'œuvre deux collections complètes de ses livres élémentaires, M. Vitard fit lui-même le crieur avec une verve de poumons et d'éloquence à faire envie à un commissaire-priseur.

Le montant de la vente fut versé, séance tenante entre les mains de M. le maire, trésorier de l'Académie de Frotey.

On ne pense pas à tout. J'ai oublié de lire au public du Cannechevaux cette pièce pourtant si importante à connaître d'avance et que je tenais à la main :

Concours vicinal de 1865

Entre les huit communes de Frotey, Quincey, Colombe, Dampvalley, Montcey, Comberjon, Coulevon et Navenne.

Prix proposés par l'Académie de Frotey.

Première catégorie.

1° Un prix, valeur de 50 francs, à la mère de famille qui aura l'enfant de six mois à trois ans, le mieux portant et le mieux tenu.

2° Un prix, valeur de 50 francs, à la mère de famille élevant le mieux ses enfants de 6 à 14 ans.

3° Deux prix, valeur chacun de 50 francs, à la jeune fille — ROSIÈRE — et au jeune homme — LISÉEN — qui auront donné le meilleur exemple des bonnes mœurs.

4° Un prix, valeur de 50 fr., à l'instituteur ou à l'institutrice qui fondera une distribution de prix pour son école; qui organisera un cours de musique vocale, des cours d'adultes ou fera le mieux prospérer ceux qui existent.

5° Un prix, valeur de 50 fr., au jeune garçon ou à la jeune fille de 15 à 18 ans qui aura le mieux conservé et surtout accru son instruction primaire. Ce prix est fondé pour répondre au vœu récemment exprimé par M. Duruy, ce ministre modèle de l'instruction et de l'éducation publiques.

6° Deux prix, valeur de 20 fr. chacun, aux enfants des écoles de filles et de garçons, pour les deux meilleures compositions écrites, — calligraphie, orthographe et style.

7° Un prix d'*ornithophilie*, valeur de 20 fr., à l'enfant qui se sera distingué par un respect absolu de la vie et des nids des oiseaux utiles à l'agriculture.

8° Trois prix, de la valeur de 10 fr. chacun, pour les trois plus belles collections de minéraux, de plantes et d'insectes récoltées sur les territoires respectifs des huit communes par les enfants des écoles et les jeunes bergers.

Deuxième catégorie.

Quatre prix, valeur de 40 francs chacun : 1° pour les plus beaux animaux de labour; 2° pour la meilleure vache laitière; 3° pour les plus beaux lots de moutons, chèvres, porcs; 4° pour les plus beaux animaux de basse-cour et pour les plus heureuses tentatives d'acclimatation d'animaux.

Troisième catégorie.

Trois prix, de 40 francs chacun, pour les plus belles collections : 1° de céréales; 2° de fruits; 3° de légumes et pour les plus heureuses tentatives d'acclimatation de végétaux.

Les prix annuels spéciaux à Frotey seront en général les mêmes que ceux du concours vicinal. L'Académie ajoute à ceux de 1865 un prix *de propreté*, d'une valeur de 25 francs pour le cultivateur frotéen qui tiendra dans le meilleur état le devant de sa maison et soignera son fumier de la manière la plus conforme à l'hygiène publique et à l'économie rurale.

Les personnes qui voudraient fonder quelques-uns de ces prix, ou des prix nouveaux, sont priées d'en donner avis le plus tôt possible à M. Auguste Guyard, directeur de l'œuvre et de l'Académie de Frotey.

La vente terminée, la foule s'écoula en bon ordre. Les personnes de l'estrade se serrèrent cordialement la main en s'entre-disant : **A l'année prochaine !**

Je saluai, en redescendant au village, la première noix des jeunes noyers plantés cette année au *jardin de l'Académie*. J'allais, content de mon succès, mais triste aussi; il me semblait entendre au fond de moi-même cette voix pleine de menaces : — « Va! tu n'es pas encore parti ! »

— Triste, mais sans peur, répondis-je à la voix : ne suis-je pas rompu aux batailles de la vie ?

Une collation simple, mais d'une antique cordialité, nous attendait chez mon père, en la charmante société de MM. Bourguin et Grosselin. Elle dissipa ma tristesse et refit le calme dans mon cœur.

Honnêteté limpide, esprit excellent, bonté spirituelle de nos hôtes; soupe à la crème, légumes et fruits pleins de soleil, appétissante fromagère, brioches, gâteaux dorés de la fête arrosés d'un franc pineau, d'un vieux cassis fait par ma mère et bu à sa mémoire; vérités vraies du cœur, du cerveau, de l'estomac, merci de ce joyeux reconfort par vous donné à tout mon être, et par lequel vous couronnâtes l'un des mieux remplis de mes jours !

Le lundi 22, MM. Bourguin et Grosselin nous quittèrent pour aller admirer à Mulhouse les progrès de l'instruction populaire. Mais M. Grosselin ne partit point sans avoir initié les élèves de l'école normale de Vesoul et ceux des écoles de Frotey à sa méthode d'éducation des sourds-muets, méthode précieuse, puisqu'elle restitue à lécole primaire ces pauvres parias de notre civilisation.

Ce même jour, M. Vernerey, M. Bonnanny et moi, distribuâmes aux enfants des écoles les excellents pains d'épice de la maison Courtois, et je donnai des livres à tous ceux et celles qui n'avaient point eu de prix.

Le lendemain mardi 23, fut un jour bien sombre pour Frotey, mais aussi bien beau pour le monde invisible. Une jeune fille que l'amabilité, l'intelligence, la charité, la poésie, la pureté, la simplicité, la modestie elles-mêmes avaient dotée, une jeune fille, hélas! accomplie à 21 ans, remontée de la veille aux demeures éthérées, allait ce jour-là rendre à la terre la partie pondérable de sa forme.

L'église de Frotey ne put contenir la foule qui, de Vesoul, des environs et du village, vint dire *à Dieu* à Mlle Blanche Dornier, fille de M. Dornier, inspecteur des écoles primaires.

Heureuse Blanche! plus pure et blanche que ton nom! mais pauvre mère! pauvre père! pauvres frères! pauvres amis!

Ne prions point pour cette ange, nous tous qui l'entourions d'estime, de respects, d'affection; mais prions-la de nous inspirer le vrai, le bien et le beau.

L'office des morts fut chanté vers cinq heures par un affreux orage. Ensuite, le corps partit pour Besançon, accompagné du père et du frère aîné de la jeune sainte.

Le mercredi 24, j'envoyai à Vesoul chercher le *Journal de la Haute-Saône*, où devait paraître un long article de M. Filingre sur la fête du 21. Mais rien n'avait encore paru.

Étonné, j'allai aux informations. Je rencontrai aux *Allées Neuves* un notable Vésulien à qui je témoignai mon étonne-

ment du silence d'un journal jusque-là si bienveillant pour
l'œuvre.

— Je sais qu'il ne dira rien, me répondit-il, à cause de
votre discours de dimanche qui a mis en émoi le clergé, les
dévots, la préfecture le conseil général, la ville et ses alen-
tours, à tel point qu'on parle d'une dénonciation pour vous
et d'une destitution pour un autre.

Ce fut mon tour d'être ému. Je courus au bureau du journal : « La prudence nous commande le silence, me fut-il en
effet répondu. »

Je courus à la préfecture, on ne sut pas ce que je voulais
dire.

Je m'empressais vers l'hôtel où je savais descendu le président du conseil général, quand je vis à sa fenêtre un ami
chez lequel je devais dîner ce jour-là.

— Où allez-vous de ce pas accéléré ?

— Expliquer ma phrase séditieuse à M. le président du
conseil général.

— Vous ne le trouverez pas en ce moment ; d'ailleurs vous
dînerez avec lui ce soir.

Je tombais de surprise en surprise.

Le dîner dura quatre heures qui m'en semblèrent une à
peine, dans la société du plus aimable des hôtes et de deux
convives non moins aimables.

Au lieu du sceptique frondeur, du spécialiste athée, du ra-
tionaliste sans frein qu'on m'avait dit, je trouvai dans
M. Lélut un chrétien faisant maigre, un philosophe doublé
d'un savant ; un homme doux, tolérant, serviable ; un homme
enfin, qui, à part sans doute aussi le petit grain qu'Horace
nous donne à tous, me parut jouir beaucoup plus que son
département en 1863, de cet harmonieux équilibre du sentiment, de l'imagination et de la raison qui s'appelle et forme
la sagesse ; et je plaignis la Haute-Saône de s'être, dans un

accès d'ingratitude, privée pendant cinq ans des services politiques de notre illustre concitoyen.

L'éminent membre de l'Institut me reprocha d'abord mon académie de Frotey, que je ne me reproche pas, puisque j'ai pu, par là, attirer son attention sur mon œuvre. Il me fit ensuite quelques objections auxquelles je répondis de mon mieux. Nous ne discutâmes pas : la discussion est un duel de poumons où la victoire est aux plus robustes. Mais nous exposâmes, nous échangeâmes nos idées avec calme, comme il sied à ceux qui cherchent le vrai avec droiture. Puis nous nous séparâmes en nous donnant la main.

Je serais heureux d'avoir pu inspirer à M. Lélut les sentiments de bienveillance et d'estime que j'ai conçus pour lui.

J'employai plusieurs jours à visiter, l'une après l'autre, les familles du village, afin de connaître par moi-même l'opinion de chacune sur mon œuvre. J'offrais des livres, des plans de la commune et du territoire de Frotey, en prévenant que je considérerais comme opposés à l'œuvre ceux qui me refuseraient. Sur environ soixante familles déjà visitées, deux seulement, représentées par deux femmes, n'ont pas accepté mon offrande. J'achèverai mes visites à mon prochain voyage. On estime que sur cent trente familles, il peut y en avoir une dizaine contre l'œuvre ; c'est possible. Jusqu'ici il n'y en a guère que quatre ou cinq qui aient fait une certaine opposition plus ou moins ostensible ; mais il ne s'en est pas encore trouvé une seule ayant refusé la petite rétribution mensuelle que je donne aux enfants, quoique ce soit un moyen bien facile de protestation. Je suis donc sûr déjà des adhésions de toutes les familles qui ont des enfants.

Quoi qu'il en soit, je visiterai de préférence, dans mes trop courts séjours, les personnes que l'opinion publique me signalera comme opposantes, jusqu'à ce que j'aie pu leur bien faire comprendre mes intentions ; c'est en se voyant de près et souvent, et non en se fuyant, que les hommes peuvent arriver à s'entendre.

Dans ma distribution de livres, je donnais aux pères et aux grands fils le *Catéchisme agricole* de M. Greff ou les *Dialogues sur le droit rural* de M. Jacques de Valserres ; aux mères et aux grandes filles, *La Fermière*, aussi de M. Greff, et le *Livre de Tous*, excellent petit traité de morale religieuse de M. Emile Loubens. Presque partout on me faisait une petite offrande au profit de notre œuvre. Je l'ai acceptée seulement d'une vingtaine de familles, autour de chez papa.

Le dimanche 28 août, jour de la Saint-Augustin, — notez le jour, — l'orthodoxie locale se crut obligée d'anathématiser en pleine grand'messe et moi présent, ma pauvre phrase du Cannechevaux

Pour donner à la chose plus de solennité, deux prêtres fulminèrent l'anathème ; pour lui donner plus de saveur et faire coup double, on fit cela le jour de ma fête avec l'aide d'un mien cousin, curé dans le diocèse de Versailles, mais du cru de Frotey comme moi.

N'ayant pas le droit de m'expliquer à l'église, je remis à un autre lieu et à un autre temps ma justification. — Voyez ma lettre ci-après au curé de Frotey. — Mais, en attendant, je me consolai de cette attaque peu charitable par cette pensée d'un grand esprit, qu'un de mes amis du monde invisible, mon saint patron peut-être, me rappela bien à propos :

« Toute église qui prononce anathème contre une autre, se sépare elle-même de l'Univers sans en retrancher les autres. » (*De Courayer*).

Ce même jour, avant les vêpres, je fis ma première leçon aux adultes, devant une cinquantaine d'auditeurs, parmi lesquels quelques femmes Je parlai de la nécessité de l'instruction et de l'éducation dans les campagnes.

Par éducation, j'entends, moi, le développement simultané du corps, du cœur et de l'esprit. Dans l'acception ordinaire, ce mot veut dire seulement : développement moral de l'homme.

Malgré tous les efforts des moralistes chrétiens, ou soi-disant tels, pendant dix-huit siècles pour éclairer les paysans par la religion et la morale, l'éducation intellectuelle des campagnes en Europe n'est guère plus avancée que du temps des Grecs et des Romains; les masses rurales sont à peu près aussi *païennes* ou *paysannes*, c'est-à-dire aussi ignorantes et superstitieuses aujourd'hui qu'alors, et ne comprennent pas mieux la nécessité de s'instruire.

Puisqu'une expérience de dix-huit cents ans a démontré l'impuissance de ces moralistes bien intentionnés à faire la lumière et la raison au village par l'éducation telle qu'ils la donnent, il est bien permis à la société civile, aux philosophes religieux d'essayer à leur tour de moraliser religieusement les campagnes en les éclairant; de les mener à l'éducation par l'instruction.

Mais si les hommes de progrès sont d'accord pour vouloir l'instruction dans les campagnes, ils sont divisés sur la mesure dans laquelle il convient de la répandre.

Je suis, moi, pour l'instruction sans mesure. Je voudrais verser la science aux gens de Frotey comme Dieu leur verse le soleil.

Contre les éblouissements de l'intelligence, qu'on fasse une aube et une aurore, je le veux bien, pourvu qu'elles soient aussi de courte durée. Mais que l'astre de la science monte au ciel de l'âme dans toute sa majestueuse intégrité et non par fragments. L'œil spirituel n'a-t-il pas également son iris et sa paupière pour modérer le nombre et l'éclat des rayons de son soleil ?

On me dit : Mais comment le paysan s'intéressera-t-il à l'encyclopédie des connaissances humaines, quand il se montre si indifférent pour apprendre à lire et à écrire? Comment ferez-vous aimer le superflu à qui ne sent pas le besoin du nécessaire?

Nécessaire et superflu du savoir, j'ai une recette infaillible pour les faire priser à l'instant, et je n'en fais pas mystère. Elle consiste tout bonnement à prendre le paysan par sa passion favorite, passion commune à tous les enfants d'Eve, et qui fut l'initiatrice de notre grand'mère à la science du bien et du mal : par la curiosité.

Oui, surexciter la curiosité du paysan, voilà le moyen, qu'*à priori* je proclame infaillible, d'intéresser instantanément l'homme des champs aux choses de l'esprit et du cœur.

Qu'un intelligent et généreux ami de la diffusion sans limites de la science dans nos campagnes m'envoie de quoi révéler aux gens de Frotey trois mondes en trois leçons : l'infiniment grand, l'infiniment petit et ce monde intermédiaire, l'homme, qui contient les deux autres ; qu'il m'envoie un microscope, un télescope, un *anthroposcope* (1), et je me fais fort d'avoir chaque dimanche tout le village aux entretiens encyclopédiques de nos cours d'adultes ; et je suis sûr que personne n'y dormira ; et je réponds de transformer vitement tous les gens de chez nous en dévots de la lecture, de l'écriture, de la science ; en penseurs, en émancipés, en paysans moraux et religieux, en hommes, enfin.

Comment le paysan étonné de la quantité et de la grandeur des coquillages que renferme une poussière invisible de guano ; effrayé du nombre de serpents, longs comme le doigt, qui fourmillent dans l'étang formé par une imperceptible gouttelette d'eau vinaigrée ; religieusement ébahi devant les montagnes de la lune, les taches du soleil, les anneaux colorés de Saturne, les grossissements lunaires de Vénus, de Mars, de Jupiter ; en extase devant les merveilles de sa propre organisation ; comment le paysan ayant une fois connu le plaisir, le bonheur de tous ces étonnements, de toutes ces

(1) J'appelle ainsi l'homme anatomique du Dr Auzou.

admirations, pourrait-il désormais regarder avec indifférence le ciel, la terre, l'eau et tout ce qu'ils contiennent, et ses semblables et lui-même; comment ne voudrait-il pas apprendre à lire ce petit livre intitulé : *Le microscope, le télescope et l'homme*, que je ferais pour lui et qui lui expliquerait les trois mondes entrevus dans mon initiation de trois heures?

Cette expérience ne coûterait pas plus de mille francs au généreux et intelligent ami de la diffusion sans mesure de l'instruction dans les campagnes.

Je terminai ma leçon en ouvrant une souscription pour la construction d'une nouvelle église à Frotey, où tout au moins pour l'agrandissement et l'assainissement de l'ancienne, qui est humide, malsaine et tout à fait insuffisante : 195 places seulement pour 550 habitants!

Papa et moi sommes jusqu'ici les deux seuls souscripteurs. Il est vrai que les ennemis de l'Œuvre ont fait courir le bruit que nous voulions bâtir un temple protestant, bien qu'il n'y ait pas un seul protestant à Frotey. Il ne serait pas impossible que ce bruit, malgré sa grossière absurdité, eût empêché de souscrire les personnes qui l'eussent voulu, tant on a peu l'habitude au village de penser par soi-même. Il faut dire aussi que la souscription n'est pas ouverte pour la commune de Frotey qui est si pauvre, qu'elle n'a pas encore pu faire à son église les réparations les plus urgentes.

J'ai cependant cru nécessaire de déclarer sur mon honneur que c'était bien pour une église catholique que j'ouvrais une souscription. Je tâchai de leur faire comprendre aussi que, eussé-je une manière à moi d'entendre la religion et d'honorer Dieu, — manière qui ne m'empêcherait jamais d'aller le dimanche mêler mes prières aux leurs, — cela ne pouvait pas m'ôter le droit commun de leur faire construire, si je le pouvais, une église plus grande et plus saine que la leur; qu'on voyait tous les jours des ministres, des préfets, des députés, des maires protestants s'occuper de l'érection de temples catholiques, etc. J'ajoutai qu'ils voyaient bien par eux-mêmes que je n'étais pas venu à Frotey, comme disait la calomnie, pour y retourner les gens en anabaptistes, en huguenots, mais pour y faire des hommes moraux, des cultivateurs éclairés, des citoyens modèles.

En effet, mon cher Ferjeux, je n'ai qu'un seul but à Frotey : y faire la lumière ; elle-même y fera le reste. Je sais bien que ça offusque certaines gens ; mais qu'y puis-je ? Dieu a dit : *Que la lumière soit ;* et Jésus : *Qu'on n'allume point la lampe pour la mettre sous le boisseau.* J'obéis ; advienne que pourra. Mais les photophobes, à la longue, s'habitueront à la lumière, comme on voit des oiseaux de nuit élevés en cage, arriver insensiblement à supporter l'éclat du jour.

Après ma leçon, à laquelle Désirée et Madeleine avaient voulu assister, nous allâmes, elles et moi, faire une petite excursion dans les champs. J'avais besoin de retremper mon âme dans la famille et dans la nature.

Désirée me dit les larmes aux yeux : « Malgré toutes leurs prétentions, je trouve ceux qui t'attaquent beaucoup moins chrétiens que toi ; je ne puis m'empêcher de t'appliquer ces paroles du discours du Christ sur la montagne, que je lisais tout à l'heure dans saint Matthieu : « Vous serez bien heureux quand on vous aura injuriés et persécutés ; et quand, à cause de moi, on aura dit faussement contre vous toute sorte de mal. » Ch. V, v. II.

Nous gravîmes la roche *Garguiller*, en nous dirigeant vers son sommet couronné de blocs grisâtres, désagrégés et parsemés de touffes de buis. Je voulais révéler à Madeleine un village de solitaires, qui vivent là depuis des siècles, à l'insu des gens de Frotey, et que j'y ai découverts il y a plus de 40 ans.

Nous nous glissâmes en rampant sous ces blocs qui surplombent une pente escarpée. Ils protègent contre la pluie une petite plaine de sable très-fin, à travers laquelle sont creusés çà et là, avec une régularité géométrique, une multitude de cônes de tous les diamètres, depuis l'imperceptible jusqu'à celui de trois à quatre centimètres. Ma heureusement ces gracieux petits cônes sont bordés de cadavres de cloportes et de fourmis qui attristent l'œil et la pensée.

Ces débris d'insectes autour de cette architecture à l'envers disent assez qu'il y a là des mangeurs et qu'ils ne sont point herbivores. Mais où et quels sont-ils ? car on n'aperçoit être qui vive et qui remue dans tous ces entonnoirs ; sont-ce des tombes ou des demeures ?

Madeleine impatiente allait en fouiller un placé devant elle, quand, tout à coup, elle vit une fourmi courir sur ses bords , puis, bientôt, rouler au fond du gouffre. Aussitôt, le sable du centre s'agite par brusques saccades. La fourmi semble s'arracher aux étreintes d'un invisible ennemi. Elle parvient à se dégager et s'efforce de remonter les pentes roides et mouvantes qui l'entourent. Mais, soudain, des gerbes de sable jaillissent en jets puissants qui réentraînent la pauvre petite au fond du cratère. Dès lors elle ne bougea plus. Deux minutes après, son cadavre privé de sang était lancé au dehors par une force toujours invisible De nouveaux jets de sable , des mouvements circulaires eurent bientôt réparé les désordres de l'abyme, qui rentra dans l'immobilité.

Je plongeai une lame de canif au fond de l'entonnoir et j'en fis sauter une forme noirâtre, ramassée sur elle-même, que je pris dans le creux de ma main et que je fis se dérouler. Alors, Madeleine examina en frissonnant un petit insecte en forme de tortue, à peau rugueuse et ridée, avec une tête plate armée de fortes pinces, et qui faisait le mort. Quel ne fut pas l'étonnement de votre nièce, mon cher Ferjeux, quand je lui dis que ce hideux insecte qui s'appelle fourmi-lion — lion des fourmis, — est la larve ou premier développement d'un brillant névroptère nommé vulgairement *demoiselle*, d'une gracieuse libellule aux ailes diaphanes !

Je déposai l'insecte sur le sable où il disparut bientôt en s'y enfonçant à reculons.

Ma leçon d'histoire naturelle fit Madeleine rêveuse. En descendant la roche : Papa, me dit-elle, ces horribles petites bêtes qui s'engouffrent dans le sable, à la manière des écrevisses, pour y attendre et y tuer les pauvres fourmis et leur sucer le sang, me donnent une drôle d'idée.

— Et laquelle, ma fille ?

— Elles me font penser à ces hommes rétrogrades qui se cachent pour attaquer l'œuvre de Frotey ; qui n'osent pas signer de leurs noms les vilaines lettres qu'ils vous écrivent.

— Ton analogie ne manque pas de justesse, ma chère Madeleine, mais elle manque de justice, c'est-à-dire de charité.

En voici une autre que je préfère :

Tu sais que de ces larves hideuses, ténébreuses et assassines sortiront, au printemps prochain, de gracieuses filles de l'air et du soleil. Or, c'est ainsi que le jour sort de la nuit; la science, de l'ignorance; la vérité, de l'erreur ; le bien, du mal; la beauté, de la laideur ; la perfection, de l'imperfection. Pourquoi donc, ma fille, ne verrions-nous pas plutôt dans les personnes plus ignorantes que méchantes qui nous attaquent aujourd'hui, de futurs honnêtes gens qui seront un jour nos amis? Pour moi, le méchant est la larve de l'homme de bien, comme l'homme est la larve de l'ange.

Redescendus sur la route, nous trouvâmes François Favier devant chez lui. Je lui demandai la permission de visiter une vaste cavité que j'avais aperçue derrière sa maison, sise entre la *Pie des Fontaines* et la *Roche Garguiller*, mais tout près de celle-ci. Elle est creusée à deux mètres environ au-dessus du niveau de la route, dans un rocher de calcaire de l'oolite inférieure, dont les strates inclinent de quatre à cinq degrés vers le nord-est.

5.

Nous prîmes une lanterne et nous nous dirigeâmes par le jardin vers la cavité. « Ceci est en grande partie mon ouvrage, me dit François Favier. D'abord, ce n'était extérieurement qu'une grande crevasse oblique du rocher, fermée par un énorme bloc vertical que j'enlevai, dans le dessein de me faire une cave. Derrière ce bloc, je trouvai cette grotte de huit à neuf pieds de haut avec autant de large. Elle était au tiers remplie par une argile ocreuse que j'en ai retirée, et que j'en retire encore, pour faire le sol de mon jardin. J'ai trouvé dans cette terre quantité d'ossements, parmi lesquels de très-grands et de très-gros, que j'ai donnés de côtés et d'autres, et dont voici un fragment A mesure que j'avance dans mon travail d'extraction, la grotte se rétrécit, comme vous voyez, en un boyau de quatre ou cinq pieds de diamètre ; mais l'épaisseur de la couche d'argile augmente ; et la voici qui ferme presque entièrement le boyau et nous empêche d'aller plus loin. »

— A quelle distance sommes nous de l'entrée ? demandai-je.

— A 25 mètres environ.

— Voulez-vous que demain nous fassions ensemble un pas de plus?

— Je suis à votre disposition.

Nous sortîmes en prenant heure pour le lendemain lundi 29.

Cette découverte me remplit de joie ; car, d'après ce que je venais de voir et d'entendre, j'étais convaincu que Frotey possédait l'un des dépôts ossifères les plus intéressants de la Haute-Saône.

Je fus exact au rendez-vous, je mis par-dessus mes vêtements un pantalon de toile et une blouse; sur ma tête un bonnet de coton bleu que François Favier me prêta. Puis, armés de pioches, nous pénétrâmes dans le souterrain. Mon compagnon s'en alla avec sa lanterne fouiller au fond du boyau. Moi je creusai vers le milieu, aux rayons mourants du jour.

Au bout d'une heure nous avions recueilli une corbeillée

d'ossements enfouis parmi des cailloux roulés de calcaire, de grès, et dans des concrétions formées par un ciment ferrugineux. Les plus beaux échantillons sont une grosse vertèbre, une grande omoplate entière, et un très-beau fragment d'une molaire d'éléphant fossile. Malgré deux cassures de plusieurs centimètres chacune, ce fragment mesure encore 0,18 de longueur, 0,13 de largeur et 0,05 d'épaisseur. Je n'ai rien vu de plus grand au *Muséum*.

Je n'ai pas encore pu faire déterminer les espèces auxquelles appartiennent les ossements que j'ai rapportés. Mais je ne parierais pas pour des herbivores. La grotte de Frotey me semble être, en effet, de celles qui offrent cette particularité remarquable, d'avoir été entièrement remplies par du *diluvium*. Il ne manquerait alors à ce dépôt ossifère qu'un ciment qui en réunît les diverses parties, pour en faire une de ces brêches osseuses qu'on sait être composées, presque exclusivement, de débris d'herbivores.

La découverte de ces fossiles était pour moi d'un grand à-propos, car je méditais depuis quelques semaines une lettre sur l'histoire ancienne de Frotey. Malheureusement j'étais à la veille de mon départ, et n'avais pas le temps de continuer des fouilles. Mais François Favier m'a promis de garder pour notre petit musée tous les ossements qu'il trouvera désormais.

Le mardi 30, comme M. le curé m'avait refusé pour l'église la sainte Elisabeth de Mlle Fohr, je fis placer ce tableau dans la salle des délibérations du conseil municipal qui nous sert de musée provisoire. Si l'église et les paroissiens perdent au refus de M. le curé, le tableau y gagnera, car l'humidité de l'église eût peut-être endommagé cette belle toile qui attendra au sec de meilleurs jours.

J'ai rédigé le projet d'une grande entreprise industrielle et commerciale à fonder par actions et dont je voudrais faire le sujet d'une *Lettre aux Gens de Frotey*. Cette entreprise réalisée ferait bien vite la commune modèle. Mais avant de le publier, je désire le mûrir davantage, consulter des hommes compétents et m'assurer le concours d'un certain nombre d'actionnaires. Je vais en attendant essayer de créer, sous la direction de papa, deux petites industries qui aident l'œuvre de Frotey à sortir de son état précaire. J'espère trouver facilement parmi mes adhérents le faible capital nécessaire pour cela. Cinq à six mille francs, dont je payerais les intérêts, suffisent pour commencer. Il s'agit de l'exploitation d'un nouveau fromage et d'une nouvelle liqueur qui s'appelleraient *fromage* et *liqueur de Frotey*.

La première série de mes *Lettres aux Gens de Frotey* se terminera avec l'année 1864. Je les remplacerai par la *Commune Modèle*, qui décidément ne sera d'abord que mensuelle et paraîtra en janvier prochain. La *Commune Modèle* sera une petite *Revue* d'éducation rurale ; une encyclopédie — moins la religion et la politique — des sciences, des arts, des industries appliqués à l'agriculture ; le *Mois* intellectuel et moral du village et aussi le *Bulletin de Frotey*.

La *Commune Modèle* comptera des fondateurs, des bienfaiteurs, des coopérateurs et de simples abonnés.

Seront fondateurs du journal, les souscripteurs pour 1000 fr. Ils seront, en outre, inscrits au livre d'honneur des fondateurs de l'Œuvre de Frotey.

Les souscripteurs pour 100 fr. seront inscrits au livre d'honneur des bienfaiteurs.

Les souscripteurs pour 10 fr. seront inscrits au livre d'honneur des coopérateurs.

Pour les simples abonnés, le prix du journal est fixé à 6 fr. par an.

Avant de quitter Frotey, j'ai formé chez papa un petit bazar permanent où se vendent les objets qu'on veut bien nous donner pour l'œuvre. J'en ai établi un autre chez moi, à Paris. Au nombre des objets qu'on peut acheter dans les deux endroits se trouvent les deux plans de Frotey que je vous envoie.

mon cher Ferjeux : l'un du village et l'autre du territoire.
Ils serviront aux enfants des écoles et aux adultes pour les
initier à la géographie.

Ils se vendent, au profit de l'œuvre, 1 fr. les deux.

Le mercredi 34, jour de mon départ, vers quatre heures du
soir, je reçus la visite de M. Humbert, de Vesoul, qui venait
me complimenter sur mon œuvre et m'apporter une chanson-
nette de sa composition qu'il a bien voulu me dédier ; elle a
pour titre : *La fête de Frotey* ; c'est une spirituelle description
de la solennité du 21 août à laquelle assistait M. Humbert.
J'en aime surtout le refrain : *on y reviendra*, etc.

Plusieurs surprises fort agréables m'attendaient à Paris à
mon retour.

D'abord, j'ouvrais, à l'adresse de Frotey, un paquet de livres
que m'envoyait M. Jules Duval, ancien magistrat, rédacteur de
l'*Economiste français*. En même temps, M. Jules Duval voulait bien me demander pour son journal un petit bulletin
mensuel de la *commune modèle*.

L'*Economiste français*, auquel pour toute louange je
vous recommande de vous abonner, est un journal hebdomadaire, rédigé par une société d'économistes éminents.
Il ne coûte que 18 fr. pour Paris, et 25 fr. pour l'étranger.

Puis je trouvais, aussi à l'adresse de Frotey, envoyé par
mon ami le Dr Chevandier, de Die (Drôme), un appareil
pour l'administration à domicile des bains de vapeur térében-
thinés. On dit merveilles de cette découverte pour la guérison
du rhumatisme, de la goutte et des affections catarrhales. Je
vais envoyer l'appareil à M. le Dr Rosen, le médecin bienveillant de Frotey, qui a justement sous la main un pauvre
rhumatisant qui marche aux béquilles.

Je décachetais encore un paquet de la Société impériale
d'acclimatation. C'était une cinquantaine de petits sacs de
papiers, contenant des graines de plantes de Chine, du Japon,
de l'Inde, de l'Abyssinie, etc. Je les envoie au vénérable pré-

sident de l'Académie de Frotey, qui trouvera là ample matière pour des essais d'acclimatation.

La *Société impériale* m'avait déjà précédemment donné un assez gros paquet de feuilles de cette fameuse *Coca* du Pérou, dont les propriétés stimulantes sont telles, dit-on, que les naturels peuvent, sans manger et avec la seule infusion de cette plante, supporter les plus grandes fatigues pendant plusieurs jours.

J'ai déjà expérimenté la Coca pendant une semaine, sans avoir encore rien éprouvé de particulier. Peut-être que les feuilles que j'emploie sont trop vieilles ou bien altérées par une trop longue traversée; peut-être aussi que je n'ai pas fait mes infusions assez fortes; je vais répéter mon expérience.

Enfin, j'ouvrais cette lettre de l'un des plus généreux bienfaiteurs de l'œuvre de Frotey :

Paris, 30 septembre 1864.

» Voilà, cher Monsieur, ce que m'envoie mon bon et cher frère en réponse à ma demande de renseignements concernant votre lettre. Ces renseignements sont très-favorables, et votre famille peut être bien rassurée. Vous l'étiez du reste déjà par des lettres reçues de votre frère.

» Je n'en ai pas moins de plaisir à vous envoyer les pièces ci-jointes, qui sont un témoignage de l'estime que votre frère a su inspirer au Mexique. Sous ce rapport, ces pièces sont des titres de famille que vous aimerez à conserver. C'est mon bon et cher frère qui a pris la peine de traduire et d'écrire la traduction de sa main. Je reconnais là sa bonté.

» Salut bien cordial,   BAZAINE. »

Les pièces dont parle M. l'ingénieur en chef Bazaine sont :
1° une lettre de don Pedro Serrano, préfet politique de Mara-

vatio, à Son Excellence le commandant en chef de l'expédition française au Mexique, qui donne au général Bazaine les renseignements les plus honorables pour vous et pour votre famille.

2° Votre lettre au préfet de Maravatio pour le remercier des excellents renseignements qu'il a daigné donner sur vous, et le prier de vouloir bien transmettre au général Bazaine l'expression de votre profonde gratitude.

Certes, oui, mon cher Ferjeux, ces trois lettres nous sont de précieux titres de famille ; non pas seulement à cause des témoignages d'estime que vous y recevez, mais surtout à cause des illustrations qui vous les donnent. Un préfet politique du Mexique, un des plus savants ingénieurs et professeurs de notre école des ponts et chaussées ; un maréchal de France parti à vingt ans comme simple soldat, et arrivé à cinquante au sommet de la hiérarchie militaire.

Voyez cependant, mon cher Ferjeux, quel singulier enchaînement de causes et d'effets !

Un jour d'orage, à Paris, vous partagez votre parapluie avec un jeune libéral mexicain jeté par ses ennemis politiques sur un vaisseau qui l'amène en France. Cette simple politesse vous donne un ami.

Six mois après, le parti avancé reprend le pouvoir à Mexico, et rappelle le jeune O Campo qui vous emmène pour partager sa fortune avec vous.

Vingt-cinq ans durant, il joue à la bascule politique, montant, descendant tour à tour, tantôt ministre, tantôt simple citoyen, tantôt riche et tantôt ruiné ; mais toujours lui partageant avec vous, et toujours vous partageant avec lui.

Lassé de ce jeu de bascule, l'honnête O Campo se retire des affaires publiques. Il quitte avec dégoût les palais pour aller vivre et mourir dans une humble *hacienda*.

Mais il comptait sans le fanatisme des partis. Ses ennemis

l'arrêtent, le pendent d'abord et puis lui coupent la tête dans la crainte que le pendu ne ressuscite.

Sans nouvelle de vous pendant deux ans, et songeant avec terreur au malheureux sort de votre ami, je veux enfin m'informer aux meilleures sources.

Et mes craintes fraternelles me valent, de là-bas, avec d'excellentes nouvelles de votre santé, les plus honorables titres de famille contenus en germe dans un parapluie partagé ici pendant un orage.

Vous voyez, mon cher Ferjeux, que mes ennuis ont eu de bien douces compensations de toutes sortes.

Parmi les plus douces, je dois compter, en finissant, le glorieux patronage sous lequel il m'a été permis d'inaugurer notre *concours vicinal*. Car M. le président du Corps législatif et les trois ministres de l'Empereur, auxquels je fais allusion, ne sont pas seulement les plus éminents patrons de l'œuvre, ils en sont encore les plus intelligents appréciateurs.

Aussi, Excellences, bustes, statues et merci! tous les titres et tous les honneurs! toute mon admiration et toute ma gratitude dévouée à MM. de Morny, Rouher, Drouyn de Lhuys et Duruy! à ces illustres hommes d'Etat, d'esprit, de talent, de cœur, d'initiative et de progrès, qui n'ont pas dédaigné de donner la main à la commune modèle à la lisière ; de défendre notre académie villageoise contre le sourire meurtrier ; de fonder des prix pour notre concours vicinal !

Je fais les mêmes souhaits pour M. Genteur, secrétaire général de l'instruction publique.

Après avoir ainsi protégé leur pupille au berceau, ces puissants patrons ne l'abandonneront certainement pas, au milieu des obstacles qui voudraient entraver sa marche.

Quant à moi, je suis prêt à tout.

Vous savez, mon cher Ferjeux, combien je hais la division et le combat, combien j'aime la conciliation et l'apaisement. Mais si je ne sais pas attaquer, heureusement je sais me

défendre. Si donc c'était par la lutte que la commune modèle
dût se fonder; si l'on me forçait à remettre dans son étui
ma plume de colombe, à dégainer ma plume de fer ; alors,
sous les bienveillants regards de mes illustres patrons, de mes
chers adhérents, sous l'œil de Dieu et du monde invisible,
vous me verriez aussi ardent et infatigable aux travaux de
la guerre que je le suis dans ceux de la paix.

La portion d'idéal qui doit s'incarner dans le monde en
notre siècle, c'est la commune modèle; je m'en suis constitué l'apôtre. Préparer, sinon réaliser, cette incarnation au
prix de mon repos et de ma vie : voilà mon devoir. Je n'y
faillirai pas, mon cher Ferjeux, mais aussi, venez à mon aide.

« Paris, 30 septembre 1864.   Auguste Guyard.

P. S. Suleyman Khan, fils du ministre des affaires étran-
gères de Perse — qui a fondé avec moi l'œuvre de Frotey
et fera certainement un jour dans son pays une commune
modèle, — vient d'être nommé chargé d'affaires, en remplace-
ment de Son Exc. Hassan-Ali Khan, ambassadeur extraordinaire de Perse à Paris.

M. Auguste Lehot, l'un de nos jeunes avocats les plus
distingués, m'offre à l'instant pour l'œuvre de Frotey cinquante
volumes de son bel ouvrage : *Les premiers éléments de la
civilisation et du bien-être* qui, d'après l'auteur, qui a raison
selon moi, sont les *chemins vicinaux.*

C'est un magnifique volume de 600 pages, et du prix de
6 fr., qu'à mon voyage prochain je répandrai à Frotey et
dans les villages voisins comme la meilleure de leurs *voies
de communication.*

Je lis en même temps un article très-élogieux sur mes
Lettres dans le *Corriere italiano*, journal politique, littéraire
et financier, paraissant à Paris deux fois par semaine. Il est
rédigé avec beaucoup de verve et de talent par M. Joseph

Caccia, et ne coûte que 25 fr. par an. N'est-ce point une bonne fortune pour tous ceux, à Paris et en France, qui aiment la langue par excellence de la poésie et du chant ?

Par contre, M. Bonnamy m'annonce que les circonstances l'obligent à se démettre des fonctions de secrétaire de l'Académie de Frotey. Je regrette vivement, dans l'intérêt de l'œuvre, cette démission, mais je l'approuve dans l'intérêt de notre si honorable et si digne instituteur. Les instituteurs ne jouissent pas encore de la liberté et de l'indépendance dont jouissent MM. les curés, mais patience, cela viendra.

LETTRE

A M. Vernier, Curé de Frotey.

« Dieu et la liberté. » *Voltaire*.

O Enfer ! je serai ta morsure ! » *Le proph. Osée, ch. 13, v. 14*.

« Dieu veut que tous les hommes soient sauvés. » *Saint Paul*.

Je commence par me confesser à vous, mon frère, d'avoir manqué de prudence le 21 août dernier à Frotey, en exprimant publiquement mon opinion, contraire à la vôtre, sur un point dont vous semblez faire un dogme fondamental et la clef de voûte du catholicisme romain. Ce n'est pas, je vous l'avoue, que j'aie une contrition bien parfaite ; mais puisque l'attrition et le ferme propos suffisent pour mériter l'absolution, vous m'absoudrez, je l'espère.

Je vous pardonne, en revanche, votre manque de justice et de charité envers moi quand le dimanche 28 août, à l'église, en pleine grand'messe, devant ma femme et devant ma fille âgée de onze ans, vous m'avez maltraité *« d'impie, plus impie que Voltaire. »*

Je vous pardonne cet affront, mon cher desservant, à cause de ces paroles que je lis en Saint-Mathieu, ch. V, v. 22 : « Celui qui dira à son frère *raca*, sera punissable par le conseil ; et celui qui lui dira *fou*, sera punissable par la géhenne du feu ».

Dieu détourne de vous une telle malédiction, ou toute autre plus terrible, ô mon frère, car ce n'est pas seulement *raca*, *fou*, que vous m'avez appelé ; mais plus impie que ce damné qu'on représente aux fidèles comme le vicaire de l'antéchrist, et le grand pourvoyeur de l'enfer.

Je vous pardonne d'autant plus facilement, que je ne suis pas bien sûr de n'avoir pas moi-même offensé la charité par la manière un peu vive dont j'ai repoussé vos attaques, soit en vous faisant ma visite, soit en parlant de vous aux autres.

Mais ce devoir du pardon rempli, un autre non moins sacré me reste : celui de me justifier publiquement d'une très-injuste accusation publique. N'ayant pour réaliser mon œuvre que ma religion et mon honneur, je détruirais cette œuvre de mes propres mains, si j'acceptais sans mot répondre cette diffamation d'impiété que je considère comme la plus sanglante injure et le plus grand dommage qui puissent être faits à ma réputation d'homme religieux et d'honnête homme.

Un impie, mon frère, est un homme sans religion. Or je crois en Dieu ; je crois à la fraternité des hommes enfants de Dieu ; je crois à l'immortalité de l'âme, ainsi qu'aux peines et aux récompenses d'une autre vie. J'ajoute même hardiment que je ne crois qu'à ces vérités fondamentales communes aux nombreuses religions qui errent toutes ensemble à la recherche de la Religion. Et voulez-vous savoir pourquoi je ne crois qu'à ces vérités fondamentales ? C'est afin de me rapprocher davantage de cette éternelle et absolue Vérité qui relie entre eux et à l'Etre infini tous les êtres de l'Univers; afin de comprendre dans un catholicisme vraiment universel et sans exclusion, toutes les sectes et tous les cultes; et dans une charité vraiment sans bornes, tous les hommes, bons et méchants, vivants et morts; n'exceptant ni Voltaire, ni Rousseau, ni même le diable, si j'y croyais comme vous. Oui, je prierais pour *Lucifer* lui-même, dans l'espoir qu'un jour Dieu lui pardonnerait pour la *lumière* qu'il aurait *portée* au ciel, dans les enfers et sur la terre. Car, selon saint Augustin, l'intelligence est l'un des chemins de l'amour de Dieu : « Que je te connaisse afin que je t'aime! » s'écriait mon très-intelligent patron, l'un des pères de ce fameux concile de Carthage où furent condamnées les prétentions du pape Zozime à la suprématie et à l'infaillibilité.

Bien loin donc d'être un impie, me voilà, si je ne me trompe, beaucoup plus religieux que vous, mon cher curé, puisque dans ma religion, qui comprend toutes les autres, j'embrasse, j'aime et je sauve le milliard d'hommes qui peuple la terre; tandis que vous n'embrassez dans la vôtre que 140 millions de catholiques, dont encore vous damnez l'immense majorité par la fausse interprétation d'un texte.

Voilà ma religion, que je n'invente pas : c'est la crème de toutes les autres. C'est celle de la nation modèle où s'est réfugiée la vraie piété — la tolérance — bannie du monde par l'exclusivisme des sectes; celle de l'État vraiment catholique qui, en attendant la liberté, rétribue trois cultes différents pour enseigner les dogmes fondamentaux communs à ces cultes; car les dogmes communs seuls unissant les hommes, sont les seuls religieux, sociaux et universels. Ma religion, en un mot, est celle de la France et de l'avenir; c'est la foi progressive qui n'aura jamais à craindre que l'humanité soit un jour plus religieuse qu'elle.

Pourquoi donc, de fait sinon d'intention, m'avoir ainsi calomnié d'impiété, mon frère ? Parce que je ne suis pas pieux à votre manière ; parce que je ne crois pas à l'éternité des peines : « Un impie plus impie que Voltaire, vous êtes-vous écrié devant tout le peuple, à l'église, a osé dire qu'il n'y a point d'enfer !!! »

Mais si chaque sectaire avait le droit d'injurier ainsi tous ceux dont les opinions religieuses ne cadrent point avec les siennes, bientôt il n'y aurait plus que des impies dans le monde. Car vous savez en combien de religions, de sectes et de sous-sectes se divisent et se subdivisent les croyants ; et vous n'ignorez pas que, même dans la religion qui vante le plus son unité, il n'y a pas deux fervents de saint Vincent de Paul, ou deux tiers-ordre de saint Dominique qui pensent, qui prient et qui se pirent exactement de la même manière. N'en ai je pas vu deux chez moi, l'autre soir, sur le point de se prendre aux cheveux à propos du pouvoir temporel ! Je sais bien qu'on prétend mettre bon ordre à cela en France, en cherchant à imposer la même liturgie à tous les diocèses ; mais voici 1,400 prêtres de celui de Lyon qui protestent au nom de saint Irénée fondateur de leur Église, et au nom de cette variété dans l'unité que Dieu a partout répandue dans l'Univers, et qu'il ne peut vouloir bannir de la religion.

Et puis, trop vigilant pasteur, êtes-vous bien sûr qu'en niant l'éternité des peines je sois coupable d'hérésie ?

L'abbé D... mon cousin, dérangé du diocèse de Versailles pour prêcher avec vous contre moi — d'une manière piquante, je l'avoue, puisqu'on lui a laissé ignorer, m'a-t-il dit, qu'il allait aider à la diffamation d'un parent — ; mon cher cousin, après avoir prié Dieu de purifier la terre porte-impie où il avait eu le malheur de naître, s'est écrié en dévoilant sa face : « Et nous aussi nous avons fait nos classes ! »

Et pour bien faire voir qu'il n'avait point oublié sa logique, mon cousin se met à nous démontrer l'éternité de l'enfer par un sermon sur l'infinie bonté de Jésus-Christ.

Il est vrai qu'il ne pouvait guère plus appuyer sa démonstration sur la justice divine : car si pour nous, faibles mortels, la justice est la charité, à plus forte raison, pour un Dieu fait homme, la justice sera-t-elle aussi la miséricorde et le pardon aux morts qui se repentent et s'amendent.

Personne ne doute, à Frotey, que vous n'ayez fait vos classes. Il paraît cependant qu'on ne vous y dit pas tout, mes frères; car me voici, moi profane, obligé de vous donner une petite leçon de théologie. Excusez-moi, vous rappelant que Dieu permet parfois à leurs montures de cathéchiser les prophètes.

Dans la visite que je vous ai faite le lendemain de votre attaque, je vous ai dit, mon cher desservant, que je tenais de l'un des plus vénérables curés de Paris que l'éternité de l'Enfer n'est pas de foi dans l'Eglise romaine. Vous m'avez répondu : « C'est un mauvais prêtre. »

Eh bien ! un autre prêtre de Paris, vieillard de 80 ans, érudit et charitable entre tous — il offre tous les jours gratuitement le saint sacrifice pour les pauvres trépassés sans le sou et sans messe particulière, — vient de m'affirmer aussi que l'éternité des peines ne fait point encore partie des articles du symbole, et même qu'il est expressément recommandé aux prédicateurs de rayer, pour le moment, cet épouvantail de leurs moyens de persuasion.

Ce spirituel et bon vieillard, qui gémit bien plus sur ma bonne foi religieuse que vous sur mon impiété, m'a donné du même coup cette démonstration bien paradoxale de la divinité du christianisme :

«Comprenez donc enfin, mon cher Auguste, me dit-il en secouant avec colère sa soutane, qu'une religion qui dure depuis dix-huit cents ans, malgré les bévues de ses ministres et de ses dévots, est nécessairement divine. »

Vous m'objecterez que cette affirmation de deux prêtres, même excellents, « est sans autorité, puisqu'elle est sans signature (1). » *Concedo*, mon cher curé, l'anonyme c'est l'impuissance, et je me hâte d'en sortir. Vous voulez des noms ; vous en aurez.

On vient de me prêter un livre qui a pour titre : *Dissertation sur la mitigation des peines des damnés*. Il a pour auteur un saint prêtre ; un profond théologien, l'un des plus habiles casuistes du fameux conseil ecclésiastique tenu en 1840 pour marquer les limites de la puissance spirituelle dans ses prétentions sur le temporel ; le plus vénéré des supérieurs du grand séminaire et de la célèbre compagnie de Saint-Sulpice, l'illustre abbé Emery.

Dans ce livre, dont le jour est enfin venu, et dont, pour cela, il se prépare une nouvelle édition annotée et renforcée d'autorités nouvelles, l'éminent théologien démontre qu'il n'est pas contraire à l'orthodoxie de dire et de croire :

1° Que les peines des damnés peuvent être adoucies pour un temps et même pour toujours, par les prières, les aumônes des fidèles et par le saint sacrifice de la messe ;

2° Que Dieu, par une faveur spéciale. peut suspendre momentanément les peines d'un damné, et même décharger de la damnation éternelle un homme mort en état de péché mortel.

Et sur quelles autorités s'appuie le savant casuiste ? Sur saint Augustin, saint Jean Chrysostome, saint Jean Damascène, saint Grégoire, Albert le Grand, saint Thomas d'Aquin, le Pape Innocent III ; sur le concile œcuménique de Florence ; sur toute l'Eglise grecque ; sur la faculté de théologie de Paris ; sur Dom Calmet, le père Petau, Monseigneur de Pressy, évêque de Boulogne, etc., etc.

Ainsi, à propos de Trajan délivré de l'enfer par les prières de saint Grégoire, etc., l'abbé Emery dit formellement : « Saint

____

(1) Paroles du cardinal Mathieu à propos d'une lettre anonyme attribuée à un évêque par M. le sénateur Bonjean.

Thomas a donc cru qu'un chrétien, et même un idolâtre, mort en état de péché mortel pouvait être, par les prières des fidèles, déchargé de la damnation éternelle qui lui était due et transporté ensuite dans les cieux. »

Une lettre à l'abbé de Varicourt, son parent, montre les précautions que prit le supérieur général de Saint-Sulpice pour s'assurer de l'orthodoxie de son travail.

« Je vous envoie, lui dit-il, une dissertation qui est peut-être ce que j'ai fait de mieux et avec plus de soin... je l'ai fait imprimer, mais j'en ai retiré presque tous les exemplaires; je n'en ai donné qu'un petit nombre à quelques savants évêques qui l'ont tous approuvée. J'en ai envoyé trois à Rome, un au père Fontana, théologien du pape, à qui je l'avais communiquée manuscrite, lorsqu'il accompagna le souverain Pontife à Paris; les autres aux cardinaux Antonelli et Di Pietro qui m'en ont remercié. Le père Fontana m'a proposé d'en envoyer deux exemplaires au pape, qu'il se chargerait de lui présenter, persuadé que le saint-père la lirait avec plaisir : c'est ce que j'ai fait. »

Dans une note écrite de sa main en tête des réponses du père Fontana, M. Emery ajoute : « On voit dans ces lettres que la dissertation a été présentée au Pape qui m'en a fait remercier; que les cardinaux Antonelli et Di Pietro, ainsi que les plus savants théologiens de Rome, auxquels le père Fontana l'a communiqué n'y ont rien trouvé de répréhensible »

L'abbé Emery est mort en 1811 en prononçant ces paroles : « Je n'ai vécu que pour l'Eglise et pour le séminaire. »

Qu'allez-vous répondre à cela, mon cher curé? Vous ne direz pas, je pense, que Pie VII, le père Fontana, l'abbé Emery avec tous les Pères et les théologiens sur lesquels il s'appuie sont aussi de mauvais prêtres. Vous n'avez donc qu'une seule réponse à me faire, c'est que je vous en impose.

Mais avant de parler ainsi, télégraphiez à votre Ordinaire

pour savoir si cette dissertation, que je vous oppose, existe t
si je l'ai fidèlement analysée. Et quand Monseigneur Mathieu
reviendra vous voir à la cure, demandez-lui aussi pourquoi on
vous laisse ignorer au grand séminaire un livre de cette importance. Je suis bien sûr que Massillon, l'éloquent et saint
évêque, n'en eut pas fait mystère à ses lévites, lui qui a dit :
« Dans les prêtres comme dans le peuple, l'ignorance est bien
plus à craindre que les lumières. »

Je connais, mon cher pasteur, tous les textes qu'on peut
opposer à l'abbé Emery; mais tous viennent, selon moi, se
briser contre ces paroles de saint Paul, 4ʳᵉ épître à Timothée,
ch. 2, v. 4. : « Dieu veut que *tous* les hommes soient *sauvés*
et qu'ils viennent à la connaissance de la vérité. »

Me voilà, je crois, suffisamment justifié, sinon à vos yeux,
du moins à ceux de vos paroissiens. J'espère avoir fait aussi
comprendre que c'est justement par piété, par crainte de blas-
phémer contre la divine justice, que je proteste contre l'éternité de l'enfer. C'est par le même scrupule que ma conscience
n'admet pas certain dogme dont je parlais un jour à l'éminent
évêque de Versailles.

Ne venez pas me répéter cette objection banale qu'en rui-
nant, avec Osée, l'enfer éternel, j'ouvre toutes les écluses à
la malice humaine. Je crois, au contraire, que l'éternité des
peines, dont vous faites le soutien de la vérité et de
la morale, n'est qu'une source d'erreurs et de crimes.
L'épidémie d'athéisme qui sévit en ce moment par toute
l'Europe sur la jeunesse lettrée, n'a pas, selon moi, d'autre
cause. Les âmes généreuses aiment mieux nier Dieu que de
l'admettre comme un vengeur à jamais inflexible.

Rassurez-vous, d'ailleurs, mon cher curé, car j'ai aussi
mon enfer qui, pour n'être pas éternel, n'en est pas moins re-
doutable, et certainement est plus propre que le vôtre à dé-
tourner du mal et à porter au bien. Nous en reparlerons un
jour.

6

Il y a, croyez-moi, des choses dont il faut savoir prendre son parti. Pendant six ou sept mille ans, l'humanité dans l'enfance a pu se laisser mener par la terreur. Devenue adolescente, elle ne veut plus être gouvernée que par l'amour dont on aurait bien dû essayer plus tôt ; car on prend aussi plus d'hommes avec du miel qu'avec du fiel.

Maintenant, mon frère, permettez-moi deux mots en faveur de mon illustre coaccusé Voltaire.

Je n'ai jamais eu de sympathie pour Voltaire, je préfère les architectes aux démolisseurs ; et quoique ceux-ci aient leur grande raison d'être, je n'aime pas tous leurs procédés. Mais je n'aime pas non plus qu'on les calomnie.

Voltaire, mon cher curé, n'était ni un saint, ni un infaillible. C'était, hélas ! comme vous et moi, un homme capable de gros mots, de petites choses et d'hérésie. Mais plus vous avez à trouver à redire à ses nerfs, à ses faiblesses, à son orthodoxie, moins vous devez répéter légèrement les calomnies débitées contre lui.

Voltaire fut, il est vrai, l'implacable ennemi du fanatisme et de la superstition, l'apôtre de la tolérance et de l'humanité ; mais il n'était pour cela ni athée, ni impie. Il fut au contraire, toute sa vie, le très-zélé défenseur du dogme essentiel et fondamental de l'existence de Dieu, et de la religion naturelle qui en découle. Il avait pour les athées un mépris qu'ils ne lui pardonnent pas.

C'est Voltaire qui a dit : « L'ennemi de Dieu l'est de la société, et qui ose nier son existence rendra toujours la nôtre affreuse. »

Qui a dit aussi : « Il n'y a que l'athéisme qui puisse faire autant de mal que le fanatisme. »

Voltaire est l'auteur de ces beaux vers :

« Des Dieux que nous servons connais la différence ;
Le tien t'a commandé le meurtre et la vengeance ;

> Et le mien, quand ton bras vient de m'assassiner,
> M'ordonne de te plaindre et de te pardonner. »

Enfin, c'est Voltaire âgé de 80 ans qui, prié par le grand Franklin de bénir son petit-fils, prononça sur l'enfant ces deux mots qui devant l'impartiale postérité résumeront la vie et seront l'excuse et la gloire du grand démolisseur : « Dieu, mon fils, et la liberté! »

Maintenant, mon frère, continuez, si cela vous plaît, à maudire Voltaire. Quant à moi, en le voyant ainsi calomnié sur un point de cette importance, je crains qu'il ne l'ait été sur bien d'autres, et me tiendrai désormais sur la réserve. Je veux même, afin de réparer autant que possible des injustices involontaires, je veux, recueillant avec piété ces pieuses paroles : *Dieu et la liberté !* en faire pour vous et pour Frotey ma formule de bénédiction; et pour moi une devise et une épigraphe. Quant à moi, Franc-Comtois et Français, je veux me rappeler et redire aux autres que c'est le philosophe de Ferney qui a délivré mes deux patries des derniers vestiges du servage ; que c'est l'impie Voltaire qui a forcé les pieux moines de Saint-Claude, dans le Jura, d'affranchir leurs serfs retenus avec acharnement sous la dîme et la corvée. Quant à moi, enfin, je veux espérer que l'esprit de Voltaire consommant son œuvre abolitionniste, supprimera bientôt dans mon village deux restes d'us et d'abus féodaux que j'y vois encore : la gerbe de la passion et la *tine* de vendange; et supprimera aussi dans la chrétienté une simonie dont l'habitude seule empêche de comprendre la suprême impiété.

C'est le scrupule de cette simonie, mon frère, et surtout celui de mon indignité, qui à l'âge de vingt ans, au plus fort de mon archi-dévotion catholique, m'empêcha de suivre à Besançon le cardinal de Rohan qui voulait alors faire de moi ce que l'âge et le goût en ont fait aujourd'hui. Seulement, au lieu d'être le prêtre d'une foi aveugle, du *credo quia absurdum,* je suis le prêtre d'une foi de raison, du *fides quærit intellec-tum* de St.-Augustin, du *rationabile obsequium* de St.-Paul.

Je ne m'en applaudis pas moins d'avoir eu le bonheur de connaître et d'aimer le cardinal de Rohan. Car il m'a aidé à guérir de cet horrible et inévitable démon du scrupule qui s'acharne sur tout catholique conséquent, sur tout dévot vraiment dévoué au culte de la perfection chrétienne. Il m'a aidé par ces mots que je conseille aux pauvres scrupuleux d'écrire en amulette sur leur scapulaire : « Le scrupule est le choléra de la Franche-Comté ».

Puissent mes raisons dessiller vos yeux, mon cher curé, toucher votre cœur, vous inspirer de salutaires remords et le désir d'une réconciliation à laquelle je suis prêt quand vous voudrez !

Mais vos torts envers moi et envers Voltaire ne réparent pas les miens envers la prudence et envers vous. Cependant il me semble que les miens se comprennent et s'excusent. Voyons, mettez-vous à ma place.

Pendant un an, moi si nerveux, je souffre, sans mot dire, tous vos mauvais vouloirs et toutes vos taquineries : vos dédains pour nos distributions de prix ; la défection de l'institutrice qu'on vous reproche ; votre refus de bénir la plantation du Cannechevaux ; vos défenses, vos moqueries, vos excommunications même à propos des croix persanes données à nos écoles par Suleyman Khan, tandis que vous-même, coiffé d'un bonnet persan, revêtez, sans le savoir, tous les dimanches à l'église les chasubles et les chapes de Ninive, de Babylone, de Persépolis, et bénissez le peuple avec l'ostensoir, cette image persane du soleil si bien décrite dans Quinte-Curce. Je souffre, sans mot dire, votre oubli de m'accuser réception du grand ciboire en argent que je vous ai fait obtenir ; votre mise à l'index de mes *Lettres aux gens de Frotey* ; vos mille propos hostiles à mon œuvre, etc.

Après une longue année de patience, j'entends dire que vous

avez reçu la visite d'un prélat célèbre par ses fougueux mandements contre l'esprit philosophique et contre les inventions modernes, qui lui semblent des fléaux de Dieu ; que vous chantez aux filles de la conférence des complaintes anonymes en 35 couplets contre la commune modèle; que vous dites chez les libraires de la ville qu'on saura bien m'arrêter ; que des lettres et des affiches sans signatures sont répandues contre moi à Frotey, à Vesoul et jusqu'à Paris ; j'apprends que vous excitez les enfants des écoles à vous suivre au clocher pour y dénicher les moineaux, quoique vous sachiez que ces enfants sont de la société protectrice des animaux, et que l'Académie de Frotey à fondé un prix d'ornithophilie.

Enfin, j'arrive à Frotey. La voix publique me répète tous ces bruits avec bien d'autres ; on me fait lire des lettres anonymes dans l'une desquelles plusieurs personnes disent reconnaître votre main ; on m'affirme que vous refuserez l'entrée de l'église au grand tableau que j'apporte, etc.

Le dimanche 24, au moment d'écrire mon discours, je relis une lettre dans laquelle, parlant en nom collectif, c'est-à-dire au nom de MM. les curés des huit communes appelées au *concours vicinal*, l'un d'eux m'accuse de toutes sortes d'affreuses choses en *isme* et notamment d'*athéisme*.

C'est alors, mon cher desservant, que je perds mon sang-froid et que pour ne pas garder sur moi un seul atome de cette flétrissure collective, je vous la renvoie tout entière en écrivant cette phrase énergique dont vous aurez tout à l'heure la justification : « S'il pouvait y avoir des athées dans le monde, ce seraient ces pauvres blasphémateurs à leur insu qui, faisant Dieu plus méchant que le diable, disent que le père infiniment bon des hommes peut damner éternellement un chrétien.... »

Quoique cette phrase n'ait été qu'un prétexte à vos attaques préparées de longue main, encore une fois j'avoue son imprudence, et je veillerai désormais avec le plus grand soin sur mes discours du Cannechevaux. Mais tout en regrettant ma phrase, je persévère plus que jamais dans mon opinion ; car ici *persévérer est divin*... Oui, je crois fermement qu'affirmer l'éternité de l'enfer, c'est, à son insu, faire profession d'athéisme. Car l'enfer éternel c'est le mal éternel, le mal principe au lieu d'être accident ; c'est le mal Dieu. Vous voilà avec deux principes coéternels et contraires, avec deux Dieux — le Bien et le Mal — qui s'entre-détruisant nécessairement, vous laissent sans Dieu et par conséquent sans existence ; tandis qu'avec saint Paul, je *vis*, je me *meus* et suis *plongé*, sans m'y confondre, dans l'Être, la Vie et l'Amour éternels ; dans ce Bien absolu — conservateur infini des existences — que tu es, que tu es, que tu es, ô mon Dieu !

La plupart des reproches contenus dans cette lettre, je vous les ai déjà adressés de vive voix, mon cher desservant, dans la visite que je vous ai faite avant mon départ, visite dans laquelle vous m'avez confirmé celle de l'archevêque ; avoué vos excitations pour entraîner les enfants à prendre les nids ; refusé le tableau de sainte Elisabeth et votre souscription pour une église. Vous avez, il est vrai, désavoué l'écrit anonyme qu'on vous attribue. Mais vous ne m'avez pas convaincu, parce que, sans vous en apercevoir, vous m'en avez, de vive voix, tout redit le contenu. Du reste, vous ne deviez pas la vérité à mon interrogation indiscrète, je ne suis point votre confesseur.

Parmi les reproches que vous-même m'avez faits dans cette visite, il en est un singulier, mais qui m'a été bien doux : « Vous répandez, m'avez-vous dit, un certain *Livre de tous* qui ne parle que du bon Dieu ! »

Si ce reproche ne me justifie pas de la diffamation d'athéisme, avouez au moins, mon cher curé, que je suis un bien drôle d'athée !

En tous cas, j'aimerais mieux être l'athée qui réjouirait les paysans par des petits *Livres de tous* ne parlant que du bon

Dieu, que le mystique pasteur qui les épouvanterait par des *Pensez-y-bien* où l'on ne parlerait que du diable.

Vous m'avez aussi reproché mes *Quintessences*, dont la dernière édition remonte à dix ans déjà. Si, comme j'en suis menacé, ce livre doit être attaqué par certains journaux, mes dévots critiques feront bien d'attendre l'édition nouvelle que j'en prépare devant la pensée de la mort, pour être mon testament religieux, philosophique, littéraire et l'héritage unique de mes enfants. En dix années, un homme épris de vérité, d'idéal, de progrès peut modifier, épurer et mûrir beaucoup ses idées Ce n'est que par vérités relatives et tâtonnements que nous arrivons à la vérité absolue, mon cher orthodoxe. Le Catholicisme romain fut d'abord le Christianisme, qui fut le Mosaïsme, qui fut la religion domestique des patriarches. Jésus lui-même ne nous en a-t-il pas annoncé un autre après lui, pour nous dire toute la vérité?

Ainsi, en donnant maladroitement une teinte religieuse à mon œuvre civile, en arborant ma foi, avec trop de franchise, dans ma deuxième lettre aux gens de chez nous, j'ai appris qu'il ne me faut mêler le spirituel au temporel, ni dans mon œuvre de Froley, ni dans mon journal : la *Commune Modèle* Aussi, vous allez voir comme je serai sage désormais, malgré les provoquants exemples de ceux qui mettent une telle dose de temporel dans leur spirituel qu'ils subordonneraient complétement, si on les laissait faire, la commune à la paroisse, l'Etat à l'Eglise. Je ne vous promets pas cependant de pousser ma sagesse jusqu'à celle de ce jésuite qui, dit-on, en ce moment, en Angleterre, fait des conversions au Catholicisme en se donnant lui-même comme protestant.

La confusion du spirituel et du temporel et la domination de l'un par l'autre sont dangereuses pour une société, petite ou grande, tant que l'unité religieuse, résultant de quelques dogmes universels communs à tous les associés, et la tolérance des opinions individuelles ne sont pas faites dans cette société.

Ne saurions-nous donc pas nous entendre, mon cher confrère, vous restant dans votre paroisse, et moi dans ma commune? Cela n'est pas facile, j'en conviens. Mais nous pourrions nous avertir charitablement de nos empiétements involontaires. Pourquoi ne pas me supporter comme je vous supporte?

Non-seulement je vous supporte, mais, foi d'honnête homme, je vous aime. Je vous aime parce que nous sommes tous les deux nécessaires à Frotey, autant que sont nécessaires à l'humanité le progrès et la conservation; à une voiture, le cheval et le sabot. Sans votre résistance, j'emporterais Frotey vers l'avenir en prenant le mors aux dents; sans mon activité, vous le précipiteriez, en reculant, sur les pentes du passé. Par nous deux, il marche lentement, mais sûrement, dans la voie divine qui le conduira à la perfection et au bonheur.

Que si vous ne croyez pas à ma nécessité comme je crois à la vôtre, considérez bien ceci, mon cher curé : J'ai entrepris, voilà dix-huit mois, l'œuvre de Frotey du consentement, d'abord universel, de la commune, et avec l'autorisation du conseil municipal qui s'y est associé par plusieurs délibérations unanimes. En ce moment encore, et malgré l'opposition désespérée de vous et de vos rares adhérents, j'ai toujours pour moi une majorité équivalente à l'unanimité; car sur cent trente familles vous n'en avez pas dix de votre bord. Frotey veut donc aujourd'hui ce qu'il voulait il y a 18 mois et vous ne pouvez résister au suffrage universel, à cette voix du peuple qui est la voix de Dieu, sans vous exposer à perdre votre influence et votre autorité morales, et par conséquent votre raison d'être dans la paroisse.

Laissez-nous donc en paix continuer notre œuvre. Si vous ne le voulez ou ne le pouvez pas, et si ma présence à Frotey vous gêne et vous offusque, je vous propose un moyen bien simple et bien expéditif de vous débarrasser de moi : prenez ma place dans la commune, vous et vos amis qui avez tant de quoi, conservez et continuez-y les vingt et quelques choses que j'y ai faites en 18 mois et sans un sou vaillant. Oui, conservez et continuez à Frotey : la gratuité de l'enseignement; les cours d'adultes; l'enseignement de la musique vocale; l'orgue à l'église; les distributions de prix de toutes sortes; le couronnement d'une rosière et d'un liséen; les indemnités à l'instituteur et à l'institutrice; les dons à la paroisse; la protection des petits oiseaux; la bibliothèque; le musée; les soins médicaux et les remèdes gratuits; les instruments aratoires perfectionnés; la plantation des communaux en arbres fruitiers; l'académie de Frotey; le concours vicinal; la souscription pour une église, etc., etc.

Oui, chers orthodoxes, qui tant et tant avez de quoi, employez vos heures, vos peines et vos revenus à continuer, à achever ma commune modèle ébauchée. Alors vous entendrez ma prose, aujourd'hui contre son gré persiflante, vous roucouler grand merci et chanter vos louanges sur tous les tons; et moi je chercherai une autre commune qui veuille aussi se laisser devenir modèle; et malgré l'avance que je vous aurai donnée sur moi. je m'efforcerai de vous rattraper.

En deux mots, je ne peux ni ne veux me retirer de Frotey que si quelqu'un m'y remplace, ou devant l'expresse volonté de la commune.

Si ne voulant ni me remplacer ni me souffrir à vos côtés, vous parveniez cependant à m'évincer par les moyens que vous savez, qu'auriez-vous fait, mon cher curé? Vous auriez démontré une fois de plus que le Catholicisme tel qu'on l'entend de nos jours à Frotey et à Besançon, n'est pas compatible avec la civilisation moderne.

Et alors que me resterait-il à faire? Une seule chose: user ma plume d'acier contre l'erreur de ceux qui regardent les chemins de fer, l'électricité, la commune modèle, etc., comme des inventions de l'enfer; contre un fanatisme et des superstitions capables, sans contrepoids, de faire rétrograder notre chère Franche-Comté jusqu'à l'idolâtrie fétichiste, la charrue de bois et l'ornière à hauteur de genou qui fut le premier chemin vicinal. Car si je reconnais pour le convoi humanitaire, la nécessité simultanée de la vapeur et du frein, c'est à la condition nécessaire que le moteur sera plus fort que le modérateur; que nous marcherons en avant et non en arrière; car, « *en avant!* est le mot du Temps et de Dieu. »

Malgré la forme un peu âpre de ma lettre, croyez, mon frère, que j'ai le fond doux et poli à votre endroit. Cette forme s'adresse bien moins à vous-même qu'à ceux qui se cachent derrière vous pour m'attaquer en sournois, et vous charger des armes qui éclatent entre vos mains.

Et même à ceux-là, je ne leur en veux pas. C'est seulement pour me défendre que je me hérisse de tous mes dards ; c'est pour leur dire charitablement : « Ne m'approchez pas de trop près ; *qui s'y frotte s'y pique* et pourrait bien déchirer son masque à mes piquants. » Agréez, etc.   Aug. GUYARD.

P. S. J'apprends à l'instant, cher curé, que vous voulez exclure du catéchisme et de la première communion les enfants qui porteront les croix persanes données aux écoles par Suleyman Khan, chargé d'affaires de S. M. I. le schah de Perse à Paris.

Dans l'intérêt de la paix, je vous abandonne volontiers le droit de porter seul, à l'église, des choses persanes. Mais ne craignez-vous pas que la commune ne voie dans cette exclusion une insulte à l'un de ses bienfaiteurs; et le gouvernement un outrage au représentant d'un roi et d'un peuple amis de la France?

Avant d'agir selon vos menaces, peut-être feriez-vous bien de vous mieux renseigner sur vos droits, qui ne sont plus, certes, ceux des moines de Saint-Claude.

Paris. — Imp. de E. Donnaud, rue Cassette, 9.

Pour paraître prochainement :

ᴜHEZ Mᵐᵉ G. MAILLEY, 25, RUE CASSETTE, A PARIS.

QUINTESSENCES

PAR AUGUSTE GUYARD.

5ᵉ Édition. — Prix : 3 fr. 50 c.

— ◇◇ —

Le succès de ses *Quintessences générales* a déterminé l'auteur à publier une série de *Quintessences spéciales*, dont voici les titres et l'ordre de publication :

1° Quintessences sur Dieu, sur l'homme, sur le monde et sur la religion.

2° Quintessences de grammaire, de linguistique et de physiognomonie.

3° Quintessences d'art et de littérature.

4° Quintessences de mathématiques, d'astronomie, de physique et de chimie.

5° Quintessences d'histoire naturelle.

6° Quintessences de biologie et de thérapeutique.

7° Quintessences d'histoire et de sociologie.

8° Quintessences sur l'éducation et sur la méthode.

Ces quintessences spéciales, résumé des études et des méditations de l'auteur, tâcheront d'être, à la fois, le tableau, la critique, l'histoire, la philosophie de la science et de l'art actuels et passés, et la prophétie de la science et de l'art futurs.

EXTRAITS DES JUGEMENTS PORTÉS SUR LE PREMIER VOLUME
DES QUINTESSENCES.

Plus de quarante journaux, plusieurs livres français ou étrangers
ont parlé avec éloges des *Quintessences*. L'auteur a reçu, en outre,
un grand nombre de lettres de félicitation. Il prend la liberté de
citer ici quelques extraits des uns et des autres.

« ..... J'ai lu avec charme vos *Quintessences*. Pendant que nous
rédigeons de gros livres, vous écrivez de petites pages ; mais, nous
sommes monnaie, et les pensées sont médailles. Les vôtres iront,
sous votre empreinte, à tous les bons esprits ; en attendant, elles
vont à mon goût et à mon cœur.   LAMARTINE. »

« Monsieur et cher confrère,

« J'admire qu'on fasse encore des livres, car il faut des éditeurs.
Où sont-ils? J'admire surtout qu'on les fasse profondément pensés,
supérieurement écrits ; qu'on les fasse comme vos *Quintessences*. Je
viens de lire et de relire cette œuvre multiple et une, car tout s'y
enchaîne et s'y fond comme les couleurs du prisme. Bien peu
d'hommes, je vous jure, auraient pu faire ce livre, qui nécessite
l'imagination, la réflexion et l'érudition au même degré. Vos pensées, quelquefois paradoxales, ce n'est pas un tort, sont toujours
originales ; c'est un mérite supérieur. — Quelques-unes, quoique
hautes et profondes, me semblent quelquefois manquer de justice
et de justesse. Peut-être est-ce que je les apprécie avec mes préjugés,
cette *cataracte de la raison*, comme vous dites si bien ; mais enfin...
ce qu'il y a là d'excessif et de trop exclusif peut nuire aux belles et
charmantes vérités du reste. C'est mon impression. Je vous l'exprime franchement, afin que cette sincérité vous prouve celle de
mes éloges et de mes sympathies...

« Merci et bravo ; je vous relirai encore, souvent, et je vous applau-
dirai toujours.   ÉMILE DESCHAMPS. »

« Je vous dois bien des remercîments, monsieur, pour l'hommage
du charmant volume des *Quintessences*, que j'ai lu et reçu avec
enthousiasme. On ne pouvait écrire un plus beau livre ni esquisser

avec plus de grâce poétique ces délicieux drames du cœur. Je sollicite la faveur de m'inscrire pour dix exemplaires...

« Agréez encore, monsieur, les témoignages de mon admiration pour votre beau talent, et celui de ma vive reconnaissance pour une aussi courtoise bienveillance.

« Votre très-humble et très-dévoué confrère, mais bien loin en arrière.   ADOLPHE D'HOUDETOT. »

« Vos *Quintessences* sont un charmant livre plein de pensées ingénieuses que j'ai lues et relues avec le plus vif intérêt. On y trouve à la fois le talent d'un écrivain habile et le cœur d'un honnête homme.   Vicomte D'ARLINCOURT. »

La Presse théâtrale. « ... Les *Quintessences* renferment de précieuses études sur la religion, la philosophie et la morale. L'auteur, homme de savoir et d'esprit, a jeté çà et là des réflexions pleines de hardiesse et de nouveauté sur nos mœurs, nos préjugés et nos institutions, en indiquant partout le progrès qui est à faire et les idées nouvelles qui doivent éclore de notre civilisation actuelle. M. Guyard est un apôtre de la vérité, un zélé défenseur de l'art et de la science, un partisan sincère de tous les affranchissements que l'avenir réserve à l'humanité. Son livre respire à chaque page les grandes pensées et les généreuses intentions dont il est animé. Il a été apprécié par tous les gens d'esprit, par tous les chercheurs d'idées ; mais nous voudrions le voir entre les mains de beaucoup de lecteurs frivoles qui ne réfléchissent jamais parce qu'ils se remplissent trop l'imagination de récits puérils et de descriptions romanesques.
                    « JULES FLAMAND. »

Revue franco-italienne. « ... On est attendri en lisant ce livre d'un génie poétique et rêveur, qui cherche à vous expliquer par des phrases harmonieuses les théories les plus obscures de la philosophie. L'honnêteté de l'auteur se révèle à chaque ligne. L'originalité de sa diction me frappe et me persuade : c'est du Caton, du Sénèque, du Kant, du Descartes à la fois, mis à la portée de tout le monde... Nous sommes bien loin de souscrire à toutes les pensées de M. Guyard, mais nous avouerons qu'il n'était pas possible de friser de si près la vérité philosophique et sociale.   C. FERRARI. »

La Revue philosophique. «... L'ouvrage de M. Guyard appartient tout entier à l'avenir ; et ici il ne s'agit pas seulement, comme dans la plupart des livres inspirés par l'esprit du siècle, d'aspirations et de tendances ; il s'agit de doctrines positives. C'est le monde nouveau qui se constitue et qui commence à s'affirmer au point de vue du dogme et de la morale.

« Nous regrettons d'être forcés d'arrêter ici nos citations. Nous renvoyons nos lecteurs au livre de M. Guyard. Ils pourront ne pas être d'accord avec lui sur tous les points, mais il est impossible que la fréquentation d'un tel esprit ne les rende pas meilleurs. Fauvety. »

Le Siècle. « Les *Quintessences* sont un délicieux petit volume, plein de sens, de finesse et d'esprit. Le livre de M. Auguste Guyard est, en effet, la quintessence de toutes les idées justes, de toutes les aspirations généreuses : c'est le résumé de la sagesse. Succès obligé. Le succès de ses *Quintessences générales* a décidé l'auteur à publier une série de *Quintessences spéciales* qui résumeront, à leur tour, sous une forme claire, laconique, incisive, l'ensemble de nos connaissances. Dans ce temps où l'on n'a pas le temps de lire, la forme quintessenciée n'est-elle pas la forme par excellence ? Louis Jourdan. »

En vente, du même auteur, à la même adresse :

GUIDE DES GENS DU MONDE, A TRAVERS LES SYSTÈMES DE MÉDECINE.

L'émotion que ce livre a produite parmi les médecins est sa meilleure recommandation auprès du public. 2e édition.   3 fr. 50

LE LATIN ET LE GREC appliqués au français, à l'usage *des Institutrices, des Mères de famille, des jeunes personnes, des Instituteurs primaires*, et de tous ceux qui veulent apprendre seuls, en quelques mois, le latin et le grec nécessaires à l'intelligence du français, 2e éd. Prix : 5 fr.

Du même auteur, pour paraître prochainement.

L'ART DE VIVRE CENT ANS ET PLUS, ou *Quintessences de physiologie et d'hygiène.* — Prix : 5 fr.

Paris. — Imprimé par E. Thunot et Ce, 26, rue Racine.

www.ingramcontent.com/pod-product-compliance
Lightning Source LLC
LaVergne TN
LVHW021725170726
843503LV00004B/1415